海上絲綢之路基本文獻叢書

滇黔紀游
滇黔土司婚禮記
滇游續筆

〔清〕陳鼎 著／〔清〕桂馥 撰

文物出版社

圖書在版編目（CIP）數據

滇黔紀游 /（清）陳鼎著．滇黔土司婚禮記 /（清）陳鼎著．滇游續筆 /（清）桂馥撰．-- 北京 : 文物出版社，2023.3
（海上絲綢之路基本文獻叢書）
ISBN 978-7-5010-5617-0

Ⅰ．①滇… ②滇… ③滇… Ⅱ．①陳… ②桂… Ⅲ．①貴州－地方史－史料－清代②雲南－地方史－史料－清代 Ⅳ．① K297

中國國家版本館 CIP 數據核字（2023）第 026249 號

海上絲綢之路基本文獻叢書

滇黔紀游·滇黔土司婚禮記·滇游續筆

著　　者：〔清〕陳鼎　〔清〕桂馥
策　　劃：盛世博閱（北京）文化有限責任公司

封面設計：鞏榮彪
責任編輯：劉永海
責任印製：張　麗

出版發行：文物出版社
社　　址：北京市東城區東直門內北小街 2 號樓
郵　　編：100007
網　　址：http://www.wenwu.com
經　　銷：新華書店
印　　刷：河北賽文印刷有限公司
開　　本：787mm×1092mm　1/16
印　　張：11.5
版　　次：2023 年 3 月第 1 版
印　　次：2023 年 3 月第 1 次印刷
書　　號：ISBN 978-7-5010-5617-0
定　　價：90.00 圓

總緒

海上絲綢之路，一般意義上是指從秦漢至鴉片戰争前中國與世界進行政治、經濟、文化交流的海上通道，主要分爲經由黄海、東海的海路最終抵達日本列島及朝鮮半島的東海航綫和以徐聞、合浦、廣州、泉州爲起點通往東南亞及印度洋地區的南海航綫。

在中國古代文獻中，最早、最詳細記載『海上絲綢之路』航綫的是東漢班固的《漢書·地理志》，詳細記載了西漢黄門譯長率領應募者入海『齎黄金雜繒而往』之事，書中所出現的地理記載與東南亞地區相關，并與實際的地理狀况基本相符。

東漢後，中國進入魏晋南北朝長達三百多年的分裂割據時期，絲路上的交往也走向低谷。這一時期的絲路交往，以法顯的西行最爲著名。法顯作爲從陸路西行到印度，再由海路回國的第一人，根據親身經歷所寫的《佛國記》（又稱《法顯傳》）一書，詳細介紹了古代中亞和印度、巴基斯坦、斯里蘭卡等地的歷史及風土人情，是瞭解和研究海陸絲綢之路的珍貴歷史資料。

隨着隋唐的統一，中國經濟重心的南移，中國與西方交通以海路爲主，海上絲綢之路進入大發展時期。廣州成爲唐朝最大的海外貿易中心，朝廷設立市舶司，專門管理海外貿易。唐代著名的地理學家賈耽（七三〇～八〇五年）的《皇華四達記》記載了從廣州通往阿拉伯地區的海上交通『廣州通海夷道』，詳述了從廣州港出發，經越南、馬來半島、蘇門答臘島至印度、錫蘭，直至波斯灣沿岸各國的航綫及沿途地區的方位、名稱、島礁、山川、民俗等。譯經大師義净西行求法，將沿途見聞寫成著作《大唐西域求法高僧傳》，詳細記載了海上絲綢之路的發展變化，是我們瞭解絲綢之路不可多得的第一手資料。

宋代的造船技術和航海技術顯著提高，指南針廣泛應用於航海，中國商船的遠航能力大大提升。北宋徐兢的《宣和奉使高麗圖經》詳細記述了船舶製造、海洋地理和往來航綫，是研究宋代海外交通史、中朝友好關係史、中朝經濟文化交流史的重要文獻。南宋趙汝适《諸蕃志》記載，南海有五十三個國家和地區與南宋通商貿易，形成了通往日本、高麗、東南亞、印度、波斯、阿拉伯等地的『海上絲綢之路』。宋代爲了加强商貿往來，於北宋神宗元豐三年（一〇八〇年）頒布了中國歷史上第一部海洋貿易管理條例《廣州市舶條法》，并稱爲宋代貿易管理的制度範本。

元朝在經濟上採用重商主義政策，鼓勵海外貿易，中國與世界的聯繫與交往非常頻繁，其中馬可·波羅、伊本·白圖泰等旅行家來到中國，留下了大量的旅行記，記録元代海上絲綢之路的盛况。元代的汪大淵兩次出海，撰寫出《島夷志略》一書，記録了二百多個國名和地名，其中不少首次見於中國著録，涉及的地理範圍東至菲律賓群島，西至非洲。這些都反映了元朝時中西經濟文化交流的豐富内容。

明、清政府先後多次實施海禁政策，海上絲綢之路的貿易逐漸衰落。但是從明永樂三年至明宣德八年的二十八年裏，鄭和率船隊七下西洋，先後到達的國家多達三十多個，在進行經貿交流的同時，也極大地促進了中外文化的交流，這些都詳見於《西洋蕃國志》《星槎勝覽》《瀛涯勝覽》等典籍中。

關於海上絲綢之路的文獻記述，除上述官員、學者、求法或傳教高僧以及旅行者的著作外，自《漢書》之後，歷代正史大都列有《地理志》《四夷傳》《西域傳》《外國傳》《蠻夷傳》《屬國傳》等篇章，加上唐宋以來衆多的典制類文獻、地方史志文獻，集中反映了歷代王朝對於周邊部族、政權以及西方世界的認識，都是關於海上絲綢之路的原始史料性文獻。

海上絲綢之路概念的形成，經歷了一個演變的過程。十九世紀七十年代德國地理學家費迪南・馮・李希霍芬(Ferdinad Von Richthofen，一八三三～一九〇五)，在其《中國：親身旅行和研究成果》第三卷中首次把輸出中國絲綢的東西陸路稱爲『絲綢之路』。有『歐洲漢學泰斗』之稱的法國漢學家沙畹(Édouard Chavannes，一八六五～一九一八)，在其一九〇三年著作的《西突厥史料》中提出『絲路有海陸兩道』，蘊涵了海上絲綢之路最初提法。迄今發現最早正式提出『海上絲綢之路』一詞的是日本考古學家三杉隆敏，他在一九六七年出版《中國瓷器之旅：探索海上的絲綢之路》中首次使用『海上絲綢之路』一詞；一九七九年三杉隆敏又出版了《海上絲綢之路》一書，其立意和出發點局限在東西方之間的陶瓷貿易與交流史。

二十世紀八十年代以來，在海外交通史研究中，『海上絲綢之路』一詞逐漸成爲中外學術界廣泛接受的概念。根據姚楠等人研究，饒宗頤先生是中國學者中最早提出『海上絲綢之路』的人，他的《海道之絲路與昆侖舶》正式提出『海上絲路』的稱謂。選堂先生評價海上絲綢之路是外交、貿易和文化交流作用的通道。此後，學者馮蔚然在一九七八年編寫的《航運史話》中，也使用了『海上絲綢之路』一詞，此書更多地限於航海活動領域的考察。一九八〇年北京大學陳炎教授提出『海上絲綢之路』研究，并於一九八一年發表《略論海上絲綢之路》一文。他對海上絲綢之路的理解超越以往，且帶有濃厚的愛國主義思想。陳炎教授之後，從事研究海上絲綢之路的學者越來越多，尤其沿海港口城市向聯合國申請海上絲綢之路非物質文化遺産活動，將海上絲綢之路研究推向新高潮。另外，國家把建設『絲綢之路經濟帶』和『二十一世紀海上絲綢之路』作爲對外發展方針，將這一學術課題提升爲國家願景的高度，使海上絲綢之路形成超越學術進入政經層面的熱潮。

與海上絲綢之路學的萬千氣象相對應，海上絲綢之路文獻的整理工作仍顯滯後，遠遠跟不上突飛猛進的研究進展。二〇一八年厦門大學、中山大學等單位聯合發起『海上絲綢之路文獻集成』專案，尚在醖釀當中。我們不揣淺陋，深入調查，廣泛搜集，將有關海上絲綢之路的原始史料文獻和研究文獻，分爲風俗物産、雜史筆記、海防海事、典章檔案等六個類别，彙編成《海上絲綢之路歷史文化叢書》，於二〇二〇年影印出版。此輯面市以來，深受各大圖書館及相關研究者好評。爲讓更多的讀者親近古籍文獻，我們遴選出前編中的菁華，彙編成《海上絲綢之路基本文獻叢書》，以單行本影印出版，以饗讀者，以期爲讀者展現出一幅幅中外經濟文化交流的精美畫卷，爲海上絲綢之路的研究提供歷史借鑒，爲『二十一世紀海上絲綢之路』倡議構想的實踐做好歷史的詮釋和注脚，從而達到『以史爲鑒』『古爲今用』的目的。

凡例

一、本編注重史料的珍稀性，從《海上絲綢之路歷史文化叢書》中遴選出菁華，擬出版數百册單行本。

二、本編所選之文獻，其編纂的年代下限至一九四九年。

三、本編排序無嚴格定式，所選之文獻篇幅以二百餘頁爲宜，以便讀者閱讀使用。

四、本編所選文獻，每種前皆注明版本、著者。

五、本編文獻皆爲影印，原始文本掃描之後經過修復處理，仍存原式，少數文獻由於原始底本欠佳，略有模糊之處，不影響閱讀使用。

六、本編原始底本非一時一地之出版物，原書裝幀、開本多有不同，本書彙編之後，統一爲十六開右翻本。

目録

滇黔紀游

滇黔紀游

二卷

〔清〕陳鼎 著

清康熙刻本

滇黔紀遊

滇黔紀遊

江陰陳　鼎子重著

貴州

鎮遠府河勢紆曲水由黃平州萬山中来峰巒聳拔上出重霄無城郭依山為衛隔河有衛城今省衛入縣實以守兵誠控御良策也水路上阻諸葛洞之塞止可到此故舟車輻輳貨物聚集下十五里即兩路口乃通黎平之道也黎郡北連楚壤南接西粵中有九股黑苗聚落於古州八萬方二千餘里泉甘土肥出五金礦民物豐阜俗以十一月為歲首其地家蓄肥牯織五色布每元旦殺牛焚布以祀天自古不服中國今為狆家誘出焚掠邊境黎平受害特甚出鎮遠西門即油榨關雖不甚險實鑿開一綫之道也過

關平路十里至相見坡三重迭起高皆千仞計程有三十里登首坡則尾見立中坡前後顧則首尾見陟尾坡則首見行旅者此以手招彼以口答應嚮若咫尺而不知三十里之遥也

華嚴洞中有大士像儼如雕琢洞深數十里諸景畢具大有洞天之勝

望城坡登其巔可望偏橋衛城故名南里許即諸葛洞相傳武侯征蠻鑿開運糧者然非洞也乃兩山陡立中夾一溪後爲大水衝兩崖巨石梗塞中流舟楫難行明黔撫郭子章開通直達黄平旋復塞　國朝制軍卞三元復濬通舟民稱便焉今復巨石壅斷即如葉漁舠不能行矣諺曰若要此洞開除非諸葛來豈其然歟傍有半蓮洞狀如半朵蓮花妙高臺在其北余磨崖半有武侯蕭公

晏公楊四將軍石刻像郭卞二公碑記在焉
偏橋本衛近省入施秉縣移治治焉下七八里有白雲洞深十里許中有蛟龍獅象石牀石凳等景頗可遊觀
飛雲巖玲瓏奇絕巖下有溪石梁亘之度橋歷級而登仰窺雲際覆如華蓋乃飛雲巖也蛟龍獅象列乳滴成上垂下伏鱗甲宛然巖外三峰壁立髙與檻齊有亭翼然臨於峰上飛泉潺湲冬夏不絕或曰巖性好潔昔有織者信宿于此則瀑水突至瀰漫澣濯再織復澣巖下有洞深不可測或云達鎮遠後山西即月池上有月潭寺松杉遶屋蒼翠參天內有王陽明先生碑記言天下之山萃于雲貴連亘萬里極天無際往來之人日攀援於重巖絕壑之間雖素有泉石之癖者一陟雲貴之途皆踣困煩厭非復夙好至此

即傭儔俗侶宿不知有山水之觀者亦徘徊顧眄相與延戀而不忍去可謂善寫此巘者矣

興隆衛即古牂牁郡今省入黄平州移州治于内馬歷三十里渡重安江江之上流接新添衛諸山之水合平越葛鏡橋麻哈江下入古州八萬經生苗地二千餘里達黔陽合大溪趨洞庭以入大江者也

大風洞即道書所謂時蒼洞天也又名雲溪洞後門在楊老西與平越接壤蓋深二三十里矣中有蒼龍白虎石鐘可扣石鼓可撾入里許則涼風颼颼竦人肌骨雖六月須被裘以遊至半有天穴如斗斜逗日光照見一切洞外有亭殊可凭眺

竹王祠在楊老驛去清平縣三十里三月間香火極盛相傳漢時

夜郎女澣於遯水忽有巨竹三節上流浮下中有兒啼剖得一男育之及長有材武自立為夜郎侯以竹為姓能以威德撫諸蠻蠻皆歸之武帝平西南夷侯迎降封夜郎王後乃殺之蓋猜其欲叛也群蠻思之不置請立後牂牁太守吳君以聞乃封其三子皆為侯俱能以德撫衆既卒群蠻立祠祀之黃絲驛亦有其廟香火亦盛

葛鏡橋跨麻哈江而造兩山壁立千仞相束一江水黑如膠有風不波霧罩山昏鮮見天日昔皆懸絙以渡沉溺者衆明嘉靖間里人葛鏡建橋以濟旋圮再建復傾乃齋戒沐浴率妻子刑牲以誓曰橋之不成有如此江遂破產經營即成至今賴之

平越郡城内有張邋遢修道故跡邋遢名三丰閩人洪武間以軍

滇黔紀游

籍成郡蓬頭赤足丐於市人呼爲邋遢翁於高真觀后結茅爲亭閉户静坐與指揮張其善嘗與飲博指城南月山寺地曰塟此可封侯張從之後果以戰功封隆平今亭前一池冬夏不涸旁有一桂亦其手植府南五里即武勝關隔溪絶壁有三丰遺照戴華陽巾側身攜杖西行儼然圖畫旁有明撫軍郭青螺書神留宇宙四大字下有夜滴金橋雖晴夜亦雨灑數點又有晚霞斜照不計晴雨俱有斜暉

憑虛洞去新添衛十里衛省入貴定縣矣洞深十里中有瀑泉聲如雷吼俗呼母珠洞下五里甕城橋長百餘步其水入蜀

古福洞深四十餘里中有大溪水聲如雷昔有持炬入遊者見蒼龍偃息溪中鼾聲如雷吼懼而返余入遊時當冬月水涸溪水僅

尺遂褰裳以渡其中景物真天造地設浮圖高十六級每級三丈餘皆玲瓏有階可登每級俱有瞿曇像香爐炬臺皆天生成者石鐘石鼓擊之聲聞洞外萬山俱响百谷皆鳴數十里都震動苗人盡驚咤奔視次日下午從後門出近道百五十里而抵龍里餘從者尚伺于洞口菴中馳騎召之乃来

龍里本衛也後改為縣南關外有苗人洞幽靜可愛客至每留戀不忍去然淺迫止可容數人耳

觀音洞深五百餘里從洞中行秉七日炬可達都匀境從来少人窮其穴者明有貢指方若曾盡遊焉余有好奇之癖因具十日炬裹一旬糧而入初數里甚宏敞愈入愈窄止可容一身若是者十餘里乃後愈窄側身以行者三里三里之外則可馳五馬駕高軒

矣中有樓臺殿閣人物花鳥之景皆碧乳融成者也至七十里舉炬四照則無涯矣因循石壁以行壁之畔有泉一泓甘香如醴泉之畔有銅釜一可容十升壁上有題句云隆慶三年錢塘方紹宗於此煮泉筆墨淋漓字畫遒勁大可愛人蓋直指公所書也余亦續題云康熙十年江陰人陳鼎亦於此煮泉行十餘里則不復曠蕩矣竟行九日半始得達後口乃都勻府之東盡境究麻地方再五里即苗蠻中矣

龍洞去貴州省城五里淺窄不可遊省城之水皆流入陸廣河下烏江者也自省以西山川迥異皆箇箇自生不相聯絡無復瞻顧依廻之狀或如鐘鏞特豎或如鋒鍔矗天或如烽墩孤立俱平地突起遠道而生遠山則連亘插天童然不毛田皆石底上惟尺土

五日不雨則苗枯槁世所謂雨師好黔言黔中無五日不雨也雨師豈真有所好哉良由彼蒼愛人之至惟恐禾荒民饑故無五日不雨耳

棲霞山在省城東二里孤峰特立峭壁凌虛由北坡曲折而上至巔則平坦如枰局四高中窪遶廊西行入大士洞登捨身巖穿紫竹徑西升傑閣遙瞻會城烟火萬家歷歷在目

涵碧潭在會城南合定廣威平之水而入南明河越霽虹橋而東行將折而西北至此淵而不流即涵碧潭也上有釣鰲磯跨以石梁明郭撫軍築以障水者磯上有甲秀樓左武侯祠右維摩閣俱近碧潭頗可遊覽南明河水鳴會城必有回祿之厄

相寶山在會城東北里餘上有屏山寺寺西一巖周圍大樹踞巖

西望可窮千里目也
朝陽洞在會城銅鼓山傍文筆峰側幽深四十餘里頗可遊覽秉
三日炬則盡其勝矣
龍井在會城内西北隅冬夏不竭大旱三年亦不涸泉甘而碧合
城皆賴之
紫池即紫泉發源於鬱江乃邂水與牂牁江之源也流入洞庭滙
于大江而入海
扁豹泉在會城西十餘里黔靈西南山中廣不盈尺一晝夜百盈
百縮置表以測莫之或爽俗呼百刻泉又名百盈泉又名聖泉味
甘而洌久服可愈瘋黑髮駐顔却老
黔靈寺乃撫軍曹升吉所創初荒山也寺在山巔盤曲而上者三

里有泉一泓可供百衆大旱不涸寺后一池冬夏不竭周多竹木頗幽勝也

白雲山在會城西南定番州境乃明建文帝晦跡處有流米洞米自洞中流出以供帝帝去米絶跪接泉相傳龍神獻帝在峰半峭壁間須跪而汲者

谷水龍在會城西南五十里有大寺容衆數百去寺十里有泉從石壁流出甘美清碧居人咸飲之遇有兵變則色赤如血

黔省苗蠻種類甚多有花苗東苗西苗牯羊苗青苗白苗谷藺苗紫薑苗平伐苗九股黑苗夭苗紅苗生苗羅漢苗陽洞苗黑羅羅白羅羅八番苗打牙犵狫剪頭犵狫木狫仲家苗土人苗猓獚苗蠻人苗楊保苗狗耳龍家苗馬鐙龍家苗僰人狪人宋家蔡家共

三十餘種風俗各異惟宋家蔡家馬鐙龍家乃戰國時楚伐宋蔡龍三國俘其民放之南徼流而為苗者知中原禮義衣服祭祀婚嫁喪葬揖讓進退一稟於周而花苗東苗西苗牯羊苗四種淳朴外其餘皆不可以禮法教者惟土司官威刑始得以制之諸苗中狆家最惡而險通漢語知漢書到處皆有其種蓋其商賈於諸苗之中如徽人紹人之於中原也然秉性匪良專造藥弩種蠱毒搆結生苗刦掠百姓為害最烈捕則竄入深箐無從追緝生苗者無頭目不服土官黔東雄而強者即為長或聚至數百人即僭號稱帝儼然冕旒黃衣而端拱于荒山之巔以受數百人之朝賀而呼萬歲官兵至則遁而之他山逢人即殺見物即劫去司官或統人四面截殺則盡之矣他日又有群聚者仍然焚掠而狆家多通諸

苗之言多識僰文之人復誘而入內地刼殺商賈為害不可勝言田綸霞先生撫黔設鵰勦法始不敢出四境獲安苗俗每歲孟春月男女各麗服相率跳月男吹蘆笙於前以為導女振鐸於后以為應連袂把臂盤旋宛轉各有行列終日不亂暮則挈所私歸謔浪笑歌比曉乃散聘貲視女妍媸而定多寡必生子然後歸夫家惟紅苗為甚每至立春日擇男女之麗者扮各故事以迎於市為樂男子之麗者即古之潘安宋朝有不及焉女子之麗者漢之飛燕唐之太真亦無能出其上矣此種女子欲購之者牛馬當以千計而始肯男子皆不樂為龍陽君有犯之者輒自殺

刺梨野生夏花秋實榦與果多芒刺味甘酸食之消悶煎汁為膏色同楂梨四封皆產移之他境則不生每冬月苗女子採入市貨

人得江浙楚豫客買之苗女喜曰利市得佳客交易也本省人為之買則倍其價江南人或物色之則舉筐以贈曰愛莫離愛莫離者華言與你有宿緣也或有調戲之者則大怒曰落勿渾落勿渾者華言沒廉恥也所謂物色之者非有他意也乃婉容愉色以問其出處故喜悅也山峒中諸苗男女見吾輩鮮衣怒馬僕從呼擁而至舉家皆出而膜拜有不知者輒大聲呼之而出曰覡漢郎覡者視也漢郎者漢官也或下馬過其家乞水火必舉家男女跪而奉之其愛慕中國如此惜乎無有以化之者苟有化之者皆相率而入禮義之域矣

脆蛇出土司中長尺餘伏草莽間見人輒躍起跌為數段少頃復合為一其色如白金光亮可愛慄拾之觸毒即斃其出入有度捕

者置竹筒徑側放以為穴也而入其中急持之則完稍緩則自碎矣故名脆蛇暴乾以去瘋癘視其身上中下以治頭腹脛股罔不効也又可接斷骨價值兼金

圓蛇狀如石卵斑斕可愛悮持之得人氣即化為蛇嚙人即斃尸不敢收五里内外人不敢行觸其穢氣腫脹而斃苗人三日後取竹矢揷死所七日取用中人輙斃

蒟醬味辛乃蔞蒻所造食可消瘴芊桃藤取汁可膠巨石他處斷而膠處如故山中造石梁者常以之相續恒數十丈駕空以渡所圮者輙非所膠處或中斷而兩頭喬然不墜苗人以木板續之行旅往來無恙

雞塅黔中亦產但不如滇之蒙化者佳有紫白二種白者恒殺人

初秋生蔓草中始耷如笠既如盖漸則披紛如雞羽故曰雞以其從土中出故曰㙡

蟄草即燖麻生於澤畔多刺螫人手足輒腫脹痛不可忍逾日方平人比之蜂蠍虺蠆也土人採以沃湯可療瘋瘕

凱里鉛可治蠱中毒者取以浸水作汁飲之即愈與藥荷葉仝効

清鎮縣故威清衛有兩尖峰平地突地起俱高千仞上各有廟每仲春遊者絡繹

安平縣即平壩所有喜客泉客至則湧如沸客去則否十里沙竹有珍珠泉又名貪泉平時無水焚楮帛則泉湧如沸高噴數仞

天台山上有神女廟女冠所居翠樹葱葱頗可遊覽有泉一勺即十萬人飲之不竭

羅漢洞深十餘里中有泉一泓其色如黝汁香清洌煮茗則色如渥丹飲之唇齒皆赤七日乃復羅德山有石羅漢遠望酷似

安順府自清鎮抵滇界十三驛俱為所轄乃黔西孔道也出西關四十五里有龍井每年立秋日井內發聲如鼓聞數十里名龍打鼓主來歲雨多

鎮寧州本安莊衛今省入州移治於內此路山川又一變矣山亂如麻俱高萬仞山巔突起尖峰如槊如筍者指不勝屈

白水自東北高山峰半流下歷數十里而至白河懸崖數仞寬十餘仞白練飛流怒濤翻湧隔岸有碑題雪練晴川四字犀牛潭有五色雲起潭有伏犀水從峭壁直下兩水相激成霧飛灑數百步霑人衣裾相傳潭中逆變時解餉官棄金十餘萬於內人多垂涎

之有善泅者沒水以求一犀熟睡波底遶皆珍寶遂擇巨者攫之以行犀覺遂至岸泅者與之鬬力竭擲還犀始退類齊東之語然山陰呂黍字名士也作歌以記其事募寫極工好事者書于廟壁

潭西有望水亭可凭眺其勝此水合盤江而趨粤西以入海

霸陵橋即關索橋水從西北萬山来亦合盤江而趨粤西以入海

關索嶺為黔山峻險第一路如之字盤折而上山半有關壯繆祠即龍泉寺中有馬跑泉甘碧可飲相傳壯繆少子索用鎗刺出者寺內大竹千竿青葱可愛寺外道旁有啞泉今已閉碣曰自古啞泉西嶺即順忠王索祠鐵鎗一株重百餘斤以鎮山門按陳壽三國史壯繆長子平從死寧沮之難次子興為侍中數年歿未有名索者意者建興初丞相亮南征從者其索乎有功于黔土人祀之

黔人呼父為索尊之至而以父呼之耶相傳索從亮南征為先鋒開山通道忠勇有父風今水旱災癘禱之輒應故血食千古一路至滇為關索嶺者三而滇中亦有數處似為壯繆子不謬也或謂關鎖嶺之訛程江夏滿江紅末句云當年陳壽是何人史獨缺誠為千載疑案然正史缺者頗多不獨索一人已也但不知王實甫作三國演義據何稗史而忽插入索乎是皆不得而考也下嶺即關山驛自此以西俱高峰插天煙雲無陰晴瀰漫山谷

象鼻嶺兩峰壁立相夾一嶺如象鼻然濶三丈長百餘丈登其西畔高峰黔東諸山如培塿矣

永寧州俗呼頂站本驛也今移州治於內城北二里許有觀音洞深十里秉燭快遊亦勝事也內有石牀一光潤如大理文石坐卧

則錚錚有聲反側聞如有絲竹亂耳也好事者鐫題于石曰遊仙
榻三十里外新鋪西有潭深百丈潭旁石壁高千尋如千層餅狀
亦奇觀也

鐵索橋駕盤江而造江源出自烏撒苗境深山中冬日水涸始見
其泉凡七十七處俱臨於一谿遶曲靖道畢節而注安南縣合粤
西烏梅江而下海入滇所必由也兩峰夾峙一水中絕斷岸千尺
飛流如駛蓋天設以界黔滇者也往往舟濟多覆溺患明天啟間
監司朱家民始冶鐵爲絙者三十七長數十丈貫兩崖巨石間覆
以木板相類棧道然絙長力弱人行其上升降不已身隨搖撼不
克自持車騎必下前者陟岈後者始登若接武而行益增其險爰
燬於逆令則兩崖甃以巨石柱以強材經以鐵絙緯以平板上覆

木屋人可駢肩馬可聯轡即魚貫列伍而行亦不驚矣上坡不過里許然陡峻難行不出上關嶺也安南本衛近改為縣城東里許有州牧曾公異撰墓公四川重慶府榮昌人前朝安南衛與永寧州同城丁亥賊薄壘公帥衆禦之兵潰被難同城指揮某求尸葬此其旁有峰插天上有元帝廟南關亦有一峰相類上有玉皇閣俱可登眺閣下即南豐寺也語云熱盤江冷頂站行至安南討火向八十里間寒熱三變天地之間至此獨異境近粵西多瘴行旅須慎中者急覓黃花根取汁服之即愈自南關上坡至關將軍飲馬泉歷五雲坡過仙人洞徑老雅關皆斜盤百曲但石道寬平可行耳道旁石刻朱書鳥道千重四字頗壯麗度萬人橋至江西坡山嶺差平然曲折紆迴而上深澗

大壑心目茫然矣

普安縣本新興所設吏治馬出南門上坡至觀音洞過九峰寺適山皆羅漢松黔山俱童自此始有林木山楂樹高數丈谷中多白雲陰晴皆然度破橋至鸚哥嘴嘴嶺甚險有鷓鴣寺聯額皆制軍王總文先生書大殿制府蔡公一聯云一峰天半聞鸚語萬籟松間只馬蹄語佳絶自此以上俱山上生山大山之水俱注溪澗小山之水衆峰環遶無趨洩之道俱由地中行或流入洞當春夏霪雨山巔汎濫如湖秋冬水涸又成陸地

白雲坡甚峻兩山壁立萬仞中夾一澗橫流淙淙俯而視之心目蒼茫普安州當黔滇之交高山萬重俱出雲表關嶺雖峻亦無出其右也

碧雲洞在郭外數里石屏當門遊者撫摩光潤如玉幽泉旁流殺如擊筑内有石磬扣之錚錚入洞甚黑行百步豁然開朗即一線天也石罅漏日洞見一切黄甃大如斗瞿曇大士羅漢各一或倚屏獨立或傍榻跏趺或踞崖仰視鬚眉宛然絶壁數仞有龍上昇鱗甲欲動爪牙若舞再進則巨浪排空驚濤湧地一溪横流燃炬以照旁有一徑甚窄側身可入盤旋數轉丹竈藥爐在焉轉灣一浮屠矗天玲瓏巧絶再行里許有石田千頃石閣五楹石榻石墩具焉小洞則在峰頂俯視萬山竟同丘垤

雲安坡俗呼雲南坡高萬仞極其險峻至巔西道濶僅數尺如一綫相連止可一騎並行稍一失足則人馬俱墜如轉圓石於千仞之山矣仰視諸峰皆逼霄漢諸蠻多聚族而居山半耕鑿焉

亦資孔彝語也有驛在焉其地名有草納撒麻蛾蝍魯尼多羅吴納者蔡皆苗中鄉談

平彝里前朝平彝所屬境也過此十里即滇南勝景則雲南境中吴語云萬里雲南自江寧至雲省實五千餘里耳然道里遼濶每百里抵江南二百餘里諺曰貴州沒天理十里當五里統而計之則萬里豈虛耶

梵淨山在銅仁思南之交下小上大土名飯甑山高數千仞有古刹六春月進香者日以千計

鏡山亦在二郡之境有石如鏡相傳八月十五夜子時萬國九州之影悉現石鏡中

黔中諸郡皆荒涼惟思南府最盛有水道通舟楫貨物俱集而人

交亦可觀較之石阡思州有天壤之隔矣

烏江朧月晦日夜水中見圓月影其光不減望日而娑婆樹影亦明灼如月中

天花產峭壁間大如車輪色赤如火光映兩山皆如渥丹四月以後即謝落

威寧府本烏撒衛地也　國初吳三桂平安氏地開四郡設府治于烏撒土產馬高猛殊他產餘無所紀也

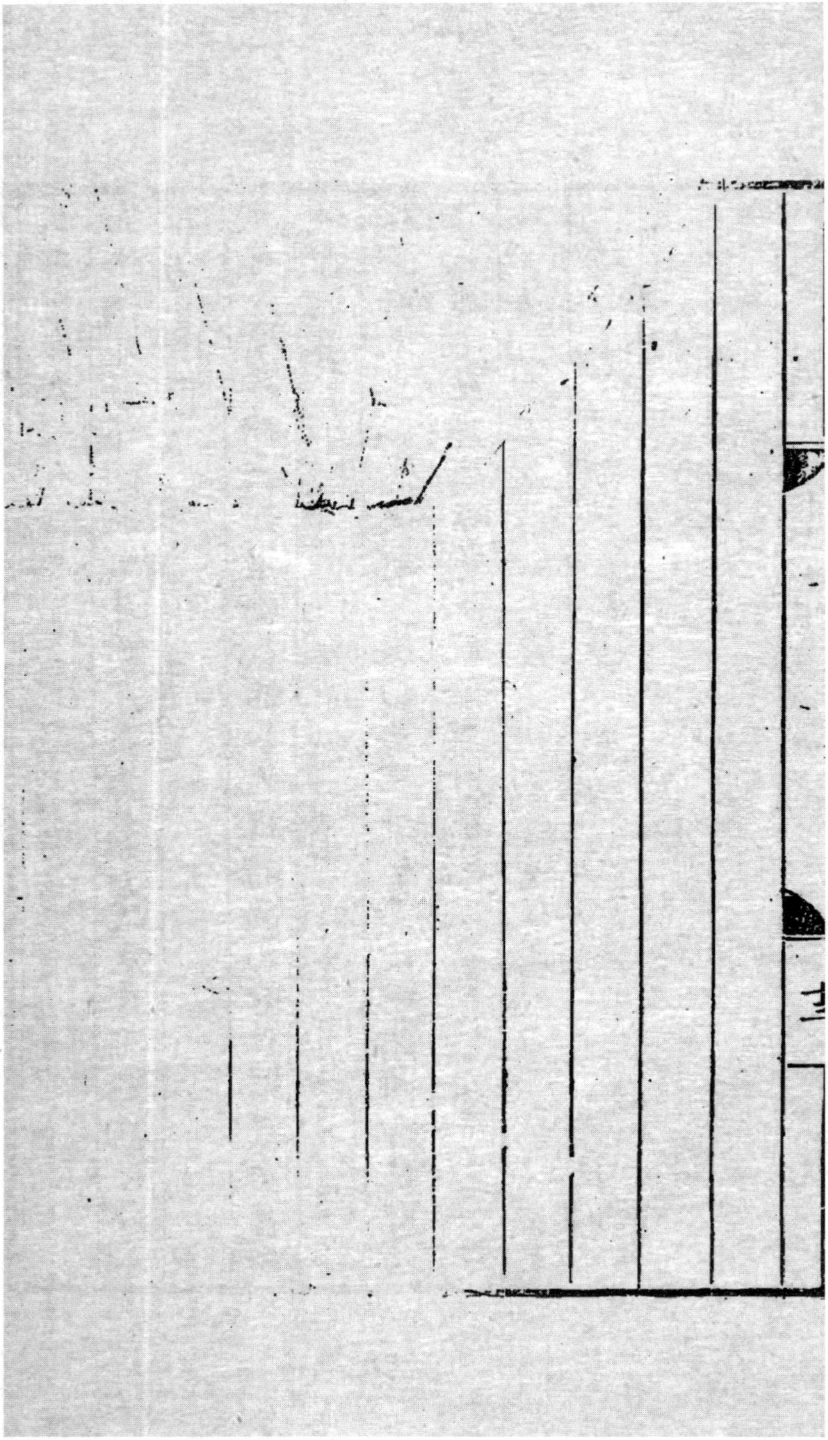

滇黔紀遊

江陰陳　鼎子重著

雲南

平彝縣本衛地明乙亥年始改縣設吏南渡兩重石橋道傍有清溪洞深十餘里諸景與碧雲相類大抵洞者皆洪水趨洩之門戶也其中景勝凡洞俱有皆大同小異俱碧乳融成石鍾水氣所結如兩廣之神仙関中之玉華盧州之崔仙湖廣之梵陽景與碧雲半相類矣出清溪後户即紫泉洞亦幽深可愛遊者不倦過揚威哨皆如中原坦道兩山繁林木矣又多鸚鵡諸禽鳴聲上下頡頏客耳

交水即新霑益州舊治去交水西北百十里往烏撒必由之道交

水兩水相交平疇萬頃民物豐阜恍如江南風景矣去予留寓之曲靖府方三十里耳
馬隆州有義象塚明天啟間水西安氏叛率衆犯州滇省戒嚴撫軍調陶土司禦之陶有一象日將暮伏山澗中鼻吸泥水數斛突出咆哮跳躍鼻噴泥水直抵賊壘寇皆驚駭復捲一賊擲空墜死陶有牙將乘機逐北遂獲大捷及曉收師象中毒弩而斃土人德之瘞于南山春秋祭掃至今不輟
木密關即木密所也有小關索嶺上有武侯及索祠祠前銅馬一乃唐時物也古栢參天俱大數圍道傍有碑云武侯平蠻會盟於此按史亮盟南人於木密即此也
易隆驛屬尋甸州東坡有城即木密所也今已傾圮去城十里許

有温泉可濯

大禺山有海潮寺寺頗清幽多竹木面海子濶數十里週百餘里隔岓即嵩明州去寺半里道傍有毒泉碣云此係毒水飲者傷生

楊林屬嵩明州前朝所也今省入州出東關五十五里即楊升庵慎題詩處也

板橋驛出西關三十五里歷鸊鵜哨度石梁而至歸化寺去滇城止五里矣登金馬山俯瞰城中煙火萬家樓閣參差雙目頓爽也自江寧至滇城共七十三驛計程五千二百零由洞庭水道則過之而我有萬里矣

會城內有三山五華其一也上有武侯祠明末永曆帥孫可望建宮殿登極於上今則成瓦礫矣吳三桂邸在城西北隅今惟餘池

沼園亭之址在焉

螺峰在城東北隅倚山建元通寺頗多亭榭名人題句甚多俱刻巖石松楸頗盛四時綠陰交覆白雲瀰漫差足遊覽夏桂洲有五言律一首鐫崖石上其辭曰古寺翠崖陰虎亭絕頂臨鶴巢松有夢雲出岫無心仄徑攀蘿上叢臺刻竹吟南巒秋日暝哀響合猶音正德十三年秋七月五日廣信夏言題但未考桂洲何事而至滇也

城南七十里即太華山高峻凌虛城西即碧鷄山相傳漢時有鳳儀此所以王褒持節來祀也城北蛇山直出雲表如列屏翰

金馬碧雞坊在南關外為百貨滙聚人烟輳集之所也富庶有江浙風

東郭有金牛寺寺外八角亭中有銅牛一重數萬斤以鎮水怪蓋此地緣溪每春夏霪雨東北萬山之水奔流如駛往往衝圮民居故範牛以鎮明末孫賊僭號取牛鑄錢　國朝水發屢壞廬舍今已復鑄水患減矣

銅瓦寺在會城東十餘里金馬山西北麓範銅為瓦覆寺三楹春月遊人畢集

昆明池方數百里跨雲南安寧晉寧三州郡水如倒流故曰滇水無洩處或曰由西南流入金沙江以趨蜀未知是否

安寧州有溫泉甲於諸泉稱三絕第一無硫氣二則身有垢不假澣濯入水俱浮三有疥癬者一澡即痊

大理府為天竺之妙香國初屬羅刹相傳觀音大士從中印土來

登點蒼山巔跏趺信宿今盤陀石尚在化其地結廬勒券刻洱海石壁字跡宛然

蒼山峰頂有黑白二龍池雲霧晦暝群龍千百出沒黑池尤猛烈樵者不敢近木葉飛墜霹靂隨之

白崖在大理東南烟火萬家有高娘寺與迷都隔百里迷都亦大村落百貨俱集地暖同交趾沃壤數萬頃

點蒼山一名靈鷲梵語耆闍崛蒙氏封為中岳漢書曰邪龍雲南其山如扶風太乙上有馮河周廻萬步五月積雪皓然即此山也有十九峰夕陽峰居中其高直上五十里登其巔復有大山高五十里廣嶺西行達永昌界矣山色蒼翠欲滴奇花異卉遍於巖谷四時不謝早起開爽日出後即雲霧殺之至七八月雲霧收淨惟

一白縷橫截山腰日夕皆然所謂玉帶鎖蒼山也其下多大石三塔寺后產者乃佳餘皆白石而已地暖無氷霜溪澗積雪厚數丈盛夏兒童碗盛賣之和以糖蜜可療飢但多食則生瘿嵐瘴所結也

大理一名羊苴咩城狄青討儂智高史稱智高遺金龍衣而遁不知所終殊不知其終於大理也今其宅遺塚尚存城內有兩司馬祠一祀司馬遷一祀司馬相如漢元封間遷奉使西征南畧邛筰昆明相如持節開越巂故皆立祠祀之隋南蠻叛史萬歲破之追近大和見諸葛武侯紀功碑銘其背曰萬歲之后勝吾者過之萬歲踣其碑碑趺誌曰史萬歲不得仆吾碑遂爲復立今在髙娘寺史公亦有遺像明萬曆間鄒應龍撫滇平鐵索箐赤石崖群盜今

有戴德祠此葉榆四遺愛也

感通寺在郡南十里點蒼之麓又名蕩山寺峰巒環遶林壑幽深楊升庵寓寺小閣題曰寫韻樓四壁皆升庵墨妙升庵往来大理永昌間近四十年訪於舊家得白古通玄峰年運志其書僰文升庵熟諳其語譯為滇載記南詔始末方得詳備登寫韻樓雞足雪山橫亘煙雲之表明末滇詩人唐大来雅號擔當和尚亦寓此樓壽九十餘樓前白茶花高數十丈大數十圍花如玉蘭心狀紅滇南只此一樹理條分種皆不活也

崇聖寺又名三塔寺在郡北五里三塔巍峙隔洱海百餘里輙望見中塔正方磚石甃成高四十八丈十六級絶頂四角範四金鵝高二丈塔下遊人以巨石投地金鵝昂首長鳴音響清越黔國公

楷書山海大觀四字文石鑿成一字縱横四丈四石列塔前如屏銅鐘三各重十萬斤南詔建極十三年造乃唐咸通年也大雄殿巨麗精巧覆以琉璃瓦墁地並徑丈點蒼石甬道傍紫荊樹亦高數丈唐朝老梅狀若古松亭亭直上枝幹如檜栢大士像乃天雨銅汁所鑄高二十四尺滇西雨銅雨鐵乃常事不足為怪然其理不可得而究也

黄花老人石刻草書在崇聖寺中字大如碗筆法飛舞相傳以梹榔殼蘸墨書者老人為宋元間人自江右来住久仙去四絶句甚佳其辭曰王母祠東古佛堂相傳棟宇自隋唐年深寺廢無人住滿谷西風栗葉黄手拄一條青竹杖興来日掛百錢遊夕陽欲下山更好深谷無人不可留帝遺名山護此邦千家落落嶺西窓山

人乞與山前地鶴托光開二十雙掛鏡臺西掛玉龍半山飛雪舞天風寒雲欲上三千尺人道高歡避暑宮

弘聖寺在郡西二里舊名王舍寺浮屠三十丈十六級阿育王建寺前有楊升庵摹刻禹碑蒼山向有五百寺俱阿育王建今尚存七十餘處城內大慈大悲文殊普賢藥師興福而普寧最大爲祝聖所玉局峰下以唐御史杜光庭爲伽藍光庭自號青城居士灌縣人教授大理始開大教龍泉峰下有祭天臺相傳諸葛武侯征南在蒼洱駐兵數月見玉局峰下鳳凰一雙飛鳴而過公攬車遍歷榛莽得峭壁石龕三皇五帝像乃建閣奉像其中而祀之又於石上鑿八卦今尚存焉

無爲寺在蘭峰半嶢巉峭壁行茂林數里兩山豁然中開從絕磵

左折入寺有石㮨寬三十丈𢹂衣登之洱海雪山近在几席有香桫五株大百圍高八九十丈太古時物也昔有二十餘樹喪亂時為獵爨伐盡此僅存者

芒湧溪在郡北二十五里昔有三十八庵巖壑幽秀天風海濤時震林木蒼山中巖號雪山有盤石徑丈為釋迦苦行地草石皆作栴檀香亦名香石巖傍有鳳眼洞有天生木橋其木半月一換四季長新人跡罕到惟樵徑耳與羅鉢羅窟相近皆點蒼古跡也然天生木橋神力半月一換永昌鶴麗皆有之不止大理也靈鷲列刹相望蓋在天竺幅員之内為阿育王故封曾建八萬四千塔大理塔基數百皆其舊址唐乾德二年詔沙門三百人入天竺求舍利及梵書至開寶九年始歸其記錄行程曰巍峰曰雞足山曰優

波擲多石室曰王舍城曰鷲峰曰阿難半身舍利塔曰畢鉢羅窟以今考之皆大理古跡也蓋當日由西番行入天竺而轉東行以達大理者緣南詔爲蒙氏地而黔蜀之道不通也白古通載釋迦在洱海證如來位而藏中載釋迦於靈鷲山說法華經其說相合又釋迦死時迦葉尊者在耆闍崛山後入雞足雞足與靈鷲相望而畢鉢羅崛舍利塔見存與通紀酉陽雜俎吳船錄舊唐書俱同一轍然則世之所謂佛國者即在滇南矣

大理西門外教場每年三月十四十五十六三日爲大街子百貨俱集結棚如闤闠文武官吏共出彈壓以防蒼山後生猓搶劫唐宋元明相沿不廢如小街子逢二五八日聚於各市午過則散矣

大理有風花雪月四景上關花下關風蒼山雪洱海月今花斬伐

無種風則處處有之下關稍甚耳自九月起至次年五月無日不排山倒嶽破房揭瓦聲如雷吼惟黎明少息辰刻復起室內燃燈八窓洞開燈影不搖也過下關橋必下蓋整冠否則飛颺而去矣下關南望萬山壁立一水中通其曲折處即風穴故雖晴和之日此處仍然大風不息語云雨師好黔風伯好滇豈風雨果有所好哉蓋滇西瘴氣特甚有風則散亦上天愛人之至故生風穴以去其閒也

洱海源出下關北流合金沙江江屬麗江府所謂恒河也海產大頭魚食之皮膩土人不忌蒼山絕頂有高河萊七八月生紅莖碧葉味辛如芥

櫻桃樹極多大數圍高數十丈白多於紅味酸澁連翹花遍於籬

落黄色可觀杜鵑有五色茶花亦有黄紫紅白四種其大如碗夜合樹高廣數十畝枝榦扶踈曲折開花如小山覆錦被絶非江浙馬纓之比草麻數十年不凋其本可作梁棟土人以之搆堂屋番瓜如斛大重至數百斤者茄大如斗瓠匏可盛粟二十斛片之可為舟航梨至有七斤重者

雲南縣古名洱海縣南二十五里為水目山水目梵刹容衆千餘

太和縣城傍蒼山學宫街舍祠廟皆東向十九峰澗水進城潺湲不絶故民殷富土肥饒穀穗長至二百八十粒戎菽年前即采供蔬饌土人謂之大莞豆藥有一百七十七種性良於他産惟附子自蜀中來土橄欖生籬落間如龍眼色紅黄味同閩中青橄欖黄柑產賓川者大如碗胡桃皮薄如紙山桃皮厚可榨油榛松皆不

下遠東但味淡少遜耳花之屬四時不絕雖大雪五色爛熳累不萎謝草至五月始生以地不熱之故然花獨不畏寒耶理不可解也刺桐花開於七月極紅旁映他樹山石皆赤惟蘭不香梗葉之大過閩蘭二十倍鈎藤亦出蒼山以之釀酒名咂魯麻

定西嶺在白崖西北高數千仞至巔則坦如有水可種桑麻百萬頃也四十里至趙州自湖南辰沅以西皆自下而上至鎮遠趨貴陽俱上大山斗峻險絕之坡循不勝原皆上峻而下坦也至定西而盡其地高中州千有餘里去天尺五黑夜星光照耀如晝天如覆釜伸手可捫星辰身雖履地自覺憑虛至永昌騰越更入霄漢矣

洱海朝東風暮西風四季不爽故舟航來去皆張帆而行不假篙

櫓至八月望夜海中出珊瑚樹高數丈漁者盡見冬日大風海水倒卓起火光如山

金沙江兩岸皆白沙佛書所謂恒河沙即此也上流即狗頭國今年大水漂一狗頭人至岸上下衣服同中國口耳眉目皆狗也進日得土氣狗人復生問其言答之如狗吠與之飲食大嚼也土官解来大理軍門府因得寓目後軍門命土官解還原處解人行一百二十餘日始抵其國國中無城郭有宮室國王朱冠皂履跨白馬佩刀官吏皆如之服食起居中國同也婚嫁則非金沙江水經注所謂西洱河也洱水合漾水濞水西南行三日八十里至瀾滄江即黑水也自黑水東北行九千里達於北京東行七千里達於江寧大理蓋中國之極西而迤南矣

沅江武定之間有魯葵山方千里民皆蓄髮劫掠流毒官兵不能制地險絕鴻荒以來未見天日過此則銀場在焉富甲於江浙文殊寺方丈面東雞足當前如列翠屏雞足之東玉峰出天半此麗江小雪山也登小雪山即望見大雪山矣小雪山亦出雪蛆大者如兎味如乳酥多食口鼻出血

雞足山在賓川州汎洱海四十里乘風而渡兩日到山三峰偃伏如雞距頂有石門佛大弟子摩訶迦葉秉釋迦衣鉢入定於此候慈氏佛下生乃入涅槃逢歲朔四方緇素進香自漢迄今不絕大剎七十二所蘭若三百六十小菴無算傳衣羅漢迦葉寂光放光五大寺最著每寺千衆或數百衆不等皆刀耕火種爲食僧多卷毛鉤鼻深目穿耳即曩在五臺京師及江浙閩粵所見乞食羅漢

也頗知漢語迦葉殿在雞足之半無三十年不火

賓川州瘴氣甚濃四五月間雞足遺絶人行更有變鬼者婦女居多或變猫變羊變雞鴨變牛糞變象馬遇單客則殺而奪其貨村落中或有此種人左右鄰必鳴官擒治否則連坐其人面黄眼赤神情恍惚容易識認

金沙江有二在緬甸者流而南在麗江者流而北南趨南極北則遶西極合黄河而入中國皆發源大理之洱海即葉榆澤也黒水源出吐番嵯和哥界而流爲瀾滄江以西洱爲黒水者非也故足跡不到盡信書不如無書也

騰越鐵少土人以毛竹截斷實米其中熾火煨之竹焦而飯已熟甚香美亦有巢居者語言不通地出琥珀碧玉珍寶㬎婦紉葉爲

衣飄飄欲仙葉似野栗甚大而柔故耐縫紉且可却雨也

麗江府土府也有同知掌府印知府則木氏世襲見同知甚恭稱公祖自呼曰治晩生景東蒙化永寧三郡皆然此三郡不若麗江繁庶余曾至三郡山川草木皆不足紀也麗江過雪山三四日程皆喇麻居止從此達中印度僧俗俱戴紅帽烏斯藏戴黄帽僧稱大寶法王紅帽者稱二寶法王皆茹蔬有幻術能變化大寶法王臨死現七十二相故土人皆驚怖以為活佛也打箭爐近天全六番余昔遊蜀與天全副宣慰楊自唐相識因入其地豐庶甲諸番百貨皆有烏斯藏以打箭爐為外障也

臨安府漢夷雜處所轄之石屏阿迷二州時有夷患近日三韓徐印祖知石屏以威德制之患少息郡出穗子有銅鐵二種每囊百

八顆銅色者佳黑鹽井亦出不及郡中通海縣出紬與布斜紋綫織極勤着

澂江府最荒凉然民淳易治糧不逋盗賊少訟獄簡易爲循卓吏惟路南州稍悍耳然苗猓之患亦不免也

廣西府近安南有莫冶峰高萬仞終歲雲霧不開在師宗彌勒之境惟三月三日起至四月三日止一月皎潔遊人登其巔望見安南宮室山中多金銀礦故民物富雖十廣南府不及也

楚雄姚安開化三郡雖相間甚遙而風土則相近然肥瘠各異故貧富不類山川亦有奇異可紀者洞谿亦有絶勝可遊者山若淩華欺岱砂岳天鐘黃雲紫緜皆秀色可餐川若丹池墨海雲溪波塘荷澤菱漢皆可濯纓濯足而五色三州之諸生皆恂恂儒雅敬

幕中國余曾遍遊三郡邑東馬之資飲食之供皆各諸生傳奉諸生之家即余遊客之郵舍也別時各有遺贈土儀之盛餽贐之豊多至百金者甚矣文教之重也雖蠻貊之鄉誦詩讀書之人皆知敬其類而文物之邦其能若是也耶

蒙化府產雞㙡菜赤白二種赤色味絕佳其油甘香可調五味椒油色碧如泉其香如蘭入蔬中食則沁肺腑洩溺皆馥

武定府山川亦可流覽但民貧土瘠健於訟悍於鬬有漢趙風所屬祿勸州有洪冶山巔有大池陰雨則熾

永昌府瘴癘最濃產寶石採者往往瘴死井中出圍棊子光潤如玉珠勝會城出者鐵索橋數處架萬仞山巔險過盤江百倍然窄易渡耳

滇西多蜜餞物蜜甚多彝人撲得大蜂以長線繫其腰識以色紙迎風放之乃集衆荷畚鍤隨行度越山嶺蜂入土竅從而掘之其穴大如城郭輙得蜜數百斛故檳榔香附橙柑木瓜香圓梅李川芎瓜茄多以蜜漬供客復以酒醉群蜂餉親友如溫台之海味也

蚱蜢油炙如鰕或晒乾下酒猓猓男婦小兒見草中螽斯之屬即歡笑撲取火燎其毛嚼吞之

滇中苗猓僰爨麼些之屬擔負貨物項戴半木枷徒行亦不暫脫相傳武侯定南蠻設此號令群彝使其不敢與漢人為伍以別貴賤殊不知非也彼戴木枷者殆可負重以便工作耳

滇黔土司婚禮記

滇黔土司婚禮記

一卷

〔清〕陳鼎 著

民國二年上海進步書局石印本

清陳鼎著

滇黔土司婚禮記

上海進步書局印行

滇黔土司婚禮記提要

清陳鼎撰鼎以文字見知於宣慰父子以嫡長女妻之媵以八人即古諸侯一娶九女之意中敘婚禮異常繁縟然筆致疏落有致如緋衣媪及室老等三代之禮恍在目前萬不料中原絶響迺在苗蠻將所謂禮失而求諸野者與至呼婿為柘察呼女為以納邊檄稱謂一斑略見是又談風俗者所必資矣

序

余方十歲即從先季父宦滇甫一載而季父歿伯兄病未隨任去家萬里舉目無親寄旅曲川西郭漢壽亭侯祠中一歲之間親戚童僕老幼男女死者四十餘人櫬柩纍纍環列兩廡慘目傷心莫可名狀僅存庶季母錢庶母兄伯可先生夫婦三人及受業師梁溪華龍友先生二幼婢一小童一老僕一老嫗八口之家旅食維艱滇黔薪粒價低而鹽值最昂石值白金一斤終歲咽淡庶季母日夜窮鍼刺以給不足也時伯可先生無可如何乃請余庶季母變簪珥爲貲走閩粵販烟時國家初定東南文武軍民俱盛吸烟烟大行由是家稍給而華業師又捐館矣伯可先生工書法能詩又善鼓琴孺人嚴氏善繪事能吹簫雖在窮餓中夫妻常鼓琴吹簫以自慰并以慰余母子既而伯可先生貨烟土司遇龍宣慰長官立談投合留爲西席課諸郎書法餽白金百金粟百石由是家人得具衣履而不淡食未幾嚴孺人又歿遺女方九齡哀悲無已庶母憐之教之讀書寫字以移其愁遂通列女諸書大義余自華業師歿後無可師者即受書於庶母年十四通制藝適奉　詔改八股爲論策選方人不知經書論體皆訝之或有言陳氏孺子能文文甚可觀於是靖川遠近諸老儒龐眉皓

髮者垂二百人皆來執贄門下歲可得脩脯粟二百石遂成素封家矣伯可先生既館土司又有婚姻之好憐余母子遂絶言于東道主徙入宣慰父子咸愛余能文立試七藝皆中彀遂以嫡長女許字焉滇之東土司稱文物者以龍氏爲最蓋其先於周爲漢上諸姬也其族通漢書漢語者十九而一秉周制嗣熙風雅浸浸乎禮樂之鄉矣余年十六即僥倖于滇原名太夏字禹鼎因官甄削籍乃以字行而就軍功者也十七自京師還畢龍氏姻十八舉長子嘉謨妾蘭彷舉次子嘉誥十九舉三子嘉謀明年余羈春明歲暮還而内子以産得疾于夏初先殁矣内子名繼桓字文少幼余三歲垂髫通僰文善僰書工寫花卉翎毛山水通漢語奉姑甚孝待妾媵甚慈平生無疾言遽色不輕笑語嘗默坐終日與之相對如坐冰雪窖中結褵後日從姑講習論孟女孝經諸書目再過輒能黯誦期年通大義可捉筆行文學衞夫人及二王書法半載而粗得其概惜乎十七而即不禄也余年二十一冬庶母命續錢氏名潔字瑜素海虞顧山鄉人伯可先生長女也少余四歲知書能詩尤善長短句性婉淑前婦在時與之最相愛每余出遊即同起居長枕大被相擁而臥如同懷姊娣及前婦永訣時告之父母以服飾珍玩罄室與之曰願二老視如己出兒即瞑矣及殁錢

氏悲哀甚切內父母因其事余庶母孝待其女真亦深愛之即為己女以歸余奩贈數倍於所產明年冬舉四子嘉猷余復入燕次年以避秦故未及反滇而逆變矣遂自京師從大將軍南征越二年入關筮仕永川未幾以詿誤除名遂從事制幕者五載及滇黔大定余還而錢歿已十歲矣問左右皆因以亂離故與君南北阻絕以憂忿涕泣而死噫是余負之深矣一婢藥珠乃繼婦教成者亦善畫諳九章算法能推步日月蝕毫黍不爽予方藉以為解憂期年產一女得血疾未半歲而死繼而家慈母亦歿哀哉何予生之不辰至此也耶婢死後搜其篋得錢氏青螺稿并余曩所記峒中風土一冊四子皆請付梓或者母氏藉此其久遠乎然而奔走四方未遑及也吁又二十矣今春四子自滇於郵筒中以稿寄余翻繹閒不禁感慨係之矣因歷叙其艱難顛末為之弁而授之工云甌陽鐵肩道人書於新安旅舍

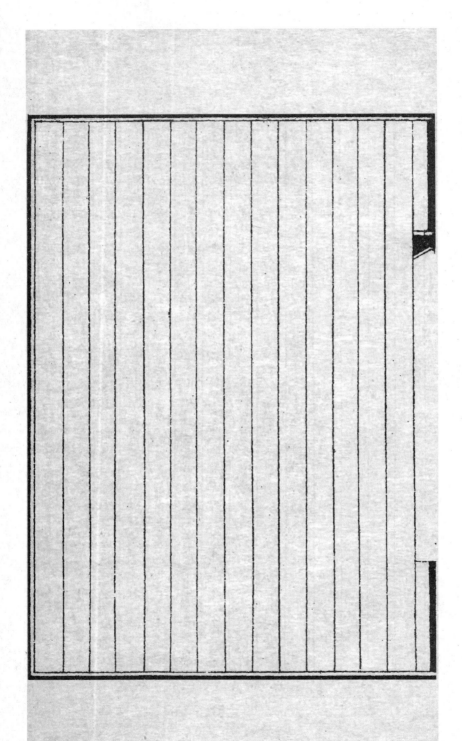

滇黔土司婚禮記

清　江陰陳鼎定九著

滇黔龍土司。本鸗氏也。於周為漢上諸姬。左氏傳所載羅人鸗人是也。楚滅宋蔡羅鸗四國。俘其宗室。放之南徼。遂成苗彝。今滇黔之閒。有宋家蔡家羅家龍家之苗。即其裔也。四家之冠裳服飾。冠婚喪祭。一秉周禮。以十一月建子為歲首。婚姻重媒妁。備六禮。然後成。鸗氏於三國時。伯仲從諸葛武侯。平南蠻有功。兄王於滇東為龍氏。弟王於滇南為鳳氏。一去鳥為龍。一增几為鳳。世為諸苗之長。蓋與黔西安氏火濟同受爵於蜀漢者也。故至今第宅。仍王家規模焉。四家世為婣婭。嫁嫡長女。為嫡長婦。必一媵八人。古諸侯一娶九女之遺意也。然所媵或養同姓。或選良家。或庶産嫡女則不能矣。中國士大夫嫡長子。娶四家長官嫡長女亦然。王臣加於諸侯也。常人則否。長官女亦靳與常人。其宗族則勿論矣。余幼以文字見知于宣慰父子。以嫡長女許字。問名拜允。納采下聘。以及親迎奠雁。一遵周禮。余飄流異域。一貧如洗。安能備禮。皆內父母資之而後行也。內父母以余為士也。不可以華門圭竇而成大禮。乃為治第于宣慰府西之里許。即蜀漢阜東柘察第故址也。柘察者。苗語也。峒主呼壻爲柘寮。呼女爲以納。即漢語郡主郡馬之稱也。龍氏既封王。其壻阜東時拜司隸副尉。曾列第於此。時以材武從武侯入蜀。官侍中。舉家遷焉。第遂廢。故即其址而堂構也。四旁瓦草房數千楹。皆其族屬及僮僕所居。俱刀耕火種爲業。其俗淳龐。大有三代遺風焉。第輕殺重姦罪。犯者男女皆斬。即親子弟毋赦。其所屬部落。有作姦犯科。蠶蠱劫殺漢人者。長官即率衆掩而斬之。俘其子女以歸。若申請上司。動輒累歲月。彼奸苗即擁衆叛。不可制矣。蓋不可治以鞭扑之刑。而威以斬殺之辟。庶乎得以久安長治也。所治第凡三十層。中十層。層各五楹。有頭門、儀門、大堂、二堂、三堂。皆平屋。其後即書樓、妝樓、藏樓、繡樓、護樓。層各有廂。廂各二楹。三堂之後。左右各五層。皆樓。樓各三楹。廂各二楹。左右各分貼四媵。媵各侍女四人。老媪一人。虛左後一層爲內廁。右後一層爲內庖。三堂之前。左右亦各五層。層三楹。廂二楹。皆平屋。左則二層爲外庖。庖前兩層居僮僕。一層豢騾馬。右則二層爲外書房。以待賓客。前兩層居僮僕。一層奉香火。蓋室西南隅奧是也。三堂之外。即宅門。常扃鑰。匙交宣慰府。欲啟發牌付司閽者馳取之。旁闢一竇。深咫有半。置轆轤。所以進飲食者也。左右有巷中絕。別內外。內置銅缸。可容十石。以剡竹穿牆。引山澗水注之。分流各院。以應用。護樓後有隙地可五六畝。半種菁。鑿池畜水。以供浣濯。半為曬曝地。周以大石。牆高數仞。牆外丈餘。即巉巖峭壁。矗漢高山矣。其材木皆采於海南。大都鐵梨檀柘之屬。地甃鉛磚。夏不發潮。冬不作冷。屋成費不貲矣。蓋土司於前朝盛時。多產五金珍寶。最稱豐富。所謂時逢至治。天不吝瑞。地不靳寶也。及其季年。諸貨絕產而民困矣。余值其已衰。猶得叨其餘光。況全盛乎。去其居三十里。過峻嶺。即有水道。可達南海。通交趾西南諸國。故所用器皿。多紫檀花梨。焚皆沈速安息之類。女子尚短衣。衣齊腰。長裙。裙百折或二百折。富者穿五重。貧者亦兩三重。男子亦然。其褻衣及裩。冬夏皆紵。處女夜臥不脫不沐。臨嫁方沐。既嫁。日一沐。沐畢。塗以蘇合油。貧者塗以羊膏。故膚如凝脂也。其褻衣與裩相接。皆聯金扣。以百數。裩口與羅襪相接。亦密以扣。扣皆圓而扁者。貧家以鉛錫為之。合巹之夕始解。既定情。復起穿如故。生子然後去。惟仲家牯羊苗黃毛犵狫白猓猓黑猓猓五種苗。以跳月為婚者。皆不裩。跳月為婚者。元夕立標於野。大會男女。男吹蘆笙於前。女振金鐸於後。盤旋跳舞。各有行列。謳歌互答。有洽於心。即奔之。越日。送歸母家。然後遣媒妁。請聘價焉。既成則男就於女。必生子然後歸夫家。周禮暮春之月。大會男女。過時者奔之勿禁。不及時者勿許。今此五苗。無論過

滇黔土司婚禮記　二

時興不及時者皆奔。殆其流弊歟。長官家女有縛足者。民間多不縛。便於工作也。其縛也甚易。山中有草曰感靈仙者。取其根汁煎濯之。不數日而步步金蓮矣。苗種類甚多。而習俗各異。婚禮亦不同。惟宋蔡羅龍鳳四姓得其正。其條節甚繁。不用樂。三月廟見。方作樂。大會親戚。新郎君見長者。用斑竹箸、雉羽扇為贄。長者贈以硃砂石青牛馬犬豕。新婦見尊者。用棗栗榛松為贄。尊者贈以峒巾、苗錦、金寶簪珥。此四姓五家古例也。余娶時。雜行漢禮。用樂器。兼苗中銅鼓。親迎。絳紗燈百對。竹炬百燎。火爆以千計。綵輿藍蓋。用先人儀仗為前導。羊一、牛一、豕一、犬一。皆塗以彩。酒二甕。錢百緡。犒司閽。具執事人皆役所屬諸苗。抵府。奏樂者七。發砲者七。開門。外舅公服趍立阼階。（爾雅、妻之父為外舅）揖壻及儐相入。儐相皆庠中知名士。閑於禮者也。具巾衫頂帶以從事。壻與相者從右入。再拜堂下。相者引壻升堂。布席南向。請外舅坐。外舅辭焉。壻八拜。外舅受四答四。壻下堂。奉雁幣陳上奠之。再拜畢。壻與相者東向坐。外舅北向坐。進桂子湯者三。鞠躬者六。相者引壻入後堂。發砲者三。奏樂垂簾。相者凡三誦詞。請外姑。（爾雅、妻之母為外姑）少頃。外姑率媵出。坐簾內。壻入拜于簾外。亦受四答四。即命坐簾外。進梅花湯者三。飲畢。簾內一緋衣老媼出。以軟紅羅丈許。束壻腰。牽入簾內。相者不得入。外姑引入三堂。再拜訖。又遍拜諸媵母。母皆跪答。引婿南向坐。外姑西向坐。諸媵母皆退。外姑一等坐。進玫瑰湯者三。畢。又進棗栗蓮子湯者三。毋進湯必再鞠躬。畢。起再拜謝。外姑出贈金玉盃各一對。金象箸廿雙。金銀鎮紙彷圈各一對。金二條銀二錠。命緋衣媪送出大堂。坐席演劇。飲三爵。徹席更衣。上攢盤又飲三爵。起復衣公服。相者引至堂下。再拜謝。外舅乃出緞紗綾羅各十二束。黄金十二錠。玉碗二隻。古爐二座為贈。壻再拜謝。引壻從後堂歷三堂。由書樓至妝樓。凡門相者必唱禮再拜。謂之拜門。將見其女。故重其門而勞壻也。吁。有苗氏可謂愚矣。夫拜門豈見門而拜之謂耶。門何知而拜之者。相者出。外舅引壻見外姑。又兩揖兩拜。諸媵母亦兩揖兩拜。乃引壻中堂北向立。奏苗女樂。數十小婢衣緋。擊諸葛銅鼓震天。盤旋環遶於庭中。謳苗歌。抑揚宛轉。如鶯啼芳樹焉。識。而緋衣媪以朱絲一縷。繫壻左臂。引絲入室繫女右臂。牽出。女以錦蒙首。與壻並立。拜其祖宗神位。凡八拜。畢。夫婦交拜。次拜外舅姑。凡八拜。命坐。外舅姑北向。諸媵母皆侍立。壻與女東向並坐。緋衣媪揭女繡蓋以面示婿。諸媵母俱作苗語。嘖嘖頌女。若曰吾女不辱壻也。送粉團湯同牢。壻與女皆侍女引起。進食畢。外舅引壻出。女送壻出妝樓。至書樓中堂止。緋衣媪解壻左臂絲。引女還。緋衣媼者。女儐相也。已而呼相者入。更苗錦衣舞蹈。擊銅鼓。謳苗詞。請新人登車。引車入。舉家涕泣。以送。媵母擁女登車。諸媵母皆涕泣。就車內擊銅鼓。吹蘆笙送之。樂奏天鵝聲。外發炮開中門。外舅送壻至堂下。鞠躬者三。上馬奏樂。馳歸。第少頃。鸞車至。諸女親於大門外。設香案。焚楮帛。送家神畢。迎入書禮。相者誦詞三。請新婦。緋衣媼持鑰啟門。引新婦右臂朱絲。付新郎君。牽新婦下車。侍女扶諸媵出。共簇新婦歸臥房。相者立中堂唱禮。夫婦交拜。諸媵皆隨新婦後行禮。不坐牀。席地而坐。飲交盃。諸媵皆雁行列坐。新郎君新婦各一飲。褫遞諸媵飲畢。相者擊銅鼓。歌喜詞。撒紅豆。為祝多男。奏樂畢。相者請新郎君安諸媵室。乃與諸媵皆出。緋衣媼即合房門。為新婦更衣履。進香湯。凡三沐焉。相者引新郎君。先從右奏樂安室。其俗尚右。故先右。侍女扶媵者參新郎君。新郎君坐受二拜。答二拜。老媼進媵者酒。手奉新郎君。飲半。媵者接。跽飲畢起。鞠躬者四。侍女扶入幃中。相者復引新郎君安第二室。亦如之。西四畢。至東四。俱如右。相者引新郎君還正室更衣畢。相者出。新婦出迎。鞠躬者四。新郎君答以四揖。相攜入繡幃。諸媵者新沐畢。更衣。俱來幃中。亦鞠躬者四。新郎君新婦答禮畢。告辭。各歸房。記雞初鳴。諸媵俱櫛沐。至新房遞茶道喜。候新婦妝畢。皆新郎君於姑寢門外遞茶。姑受茶。不接見。令婢辭焉。新郎君新婦率諸媵於寢門外再拜而退。新郎君即公服策馬。詣外舅府謝。先於大堂拜外舅畢。入後堂拜外姑。留飲。陪者皆其娣姒姑姊之屬。以百數。俱各再拜。飲畢歸。日暮。新郎君新婦率諸媵遞酒核。姑亦辭焉。如前行禮而反。如是者五日。第六日。張樂設席於後堂。新郎君新婦先拜天地。次祠家神。次祀竈。次拜姑。次女親。次小姑。諸媵者俱隨新婦後行禮。南向一席。坐新婦。東向八席。坐媵者。西向四席。坐諸女親。西北向一席。則姑小姑主焉。姑遞杯箸。新婦跪辭。小姑代行禮。畢。新婦跪遞姑杯箸。次女親。次小姑。飲三爵。徹席更衣。再飲三爵。新婦率媵下堂。拜謝訖。隨姑入室。為姑進幃帳。衾枕衣服首飾。奉沃盥。候姑寢。乃率諸媵退。自是每雞初鳴。必起櫛沐。率諸媵至姑寢門。如未醒即默候。既醒則呼內侍女啟門入。為姑著衣履櫛沐。進早膳訖。乃退。中午。亦率媵奉飯。每日以一媵侍其後。日暮。為姑滌溺器。整衾枕。候寢熟後退。日日如是。如疾病必令媼請假。俾諸媵奉事如前。三月。請設三代祖宗神主。夫婦率媵謁焉。盛設酒筵大堂會男。後堂會女。夫婦執贄遍拜長者。各受貽贈而成婦焉。余幼時膽最怯。常聞舅氏錢伯可先生曰。苗俗淫亂。惟蔡宋羅龍鳳五家。風氣最正。即親子弟姦僮僕婦女。必殺不宥。余悚然。於是每遇苗女艷者。皆不敢仰視。及僥倖後。入見座師。大主考閻公問曰。尊庚幾何矣。余對曰。十六歲。副主考沈公問曰。曾有姻事否。余即頸面發赤。不能答一辭。同年友項汪蕙代答曰。想猶未爾。沈公曰。尚赧然耶。閻公曰。如未聘。到京聯捷。吾為子執柯。余益羞赧不能對。及合卺時。一由儐相主持。唱揖即揖。唱拜即拜。安諸媵室。以為皆送親來之女。我有主道。故相者令我安之也。至於媵者奉酒。直以為內家之人。嬲我新郎君耳。自後日見其同婦事姑。稍稍悟其為侍妾。又見其與婦同起居。若非卑賤之流。見余輒侍立。並不敢抗坐。夫婦又言語不通。婦固識漢語。而不能講。雖解余言。而余不解其言也。故無可問處。竟不識其為何等人。總由處於萬山之中。孤陋寡聞。別無交遊知心同輩。為我談其風俗。又在家日少。總不解其語言。止有一慈母之舅。又老成持重。亦難以褻語與甥言。家慈平日極嚴。又不敢問。亦難於啟齒。且家慈亦不解苗語。故無從以教余也。一表妹。即慈母舅所出。年雖幼。最聰穎然以異姓故。見余輒匿影。踽踽涼涼。甚可悲也。且心又畏舅氏親子弟必殺之言。故平日見諸媵者。皆以賓客待之。不敢或狎也。初外姑月一至。三月之後。月兩三至。或四五至。至則熟視女眉目及壻眉目。時與室老作密語。我又不解其所語何事。揣其意若壻與女未嘗定情者。又時時密問女。女輒融然面赤。俯首不答。固問固不答。彼輒頓足而去。我見之。煩悶欲絕。家慈亦訝之。詰予故。予以不解對。家慈煩懣抑鬱。惟吁嗟而已。他日又來。密問女。見女不對。輒垂涕。女不得已。乃附其母耳語數語。彼輒翻然喜悅。撫予肩背者再而去。曩外姑數與室老密語。妹侍家慈。常陪從。盡聞之。時妹在苗中兩載餘。盡解苗語。知其所語故。及家慈見外姑。屢形不豫之色。心甚憂之。妹告母曰。毋憂也。無他事耳。我知之矣。又不告母所以然。蓋難於言也。而母憂疑益深。予亦不安。及半載後。夫婦言語相通矣。我能解苗語。內子及諸媵妾。皆學於家慈。略通漢書。能漢語矣。因問內子曩者尊慈密語頓足垂涕者何耶。內子告以故。果不出予所揣也。室老者。老年寡居有德之婦。亦龍氏宗人也。聘來掌一室之事。舉室聽其指揮。善爨文。室中舉動。皆登爨薄。以報內父母者也。為人極端嚴。內子及諸媵并侍女。稍不合。輒罵詈。輕則揮掌。重則提以杖。見之無不膽落。忽一夕。外姑攜酒筵來。大張花燭於下房。盛設幃幔衾枕。令媵者蘭妨嚴妝出。拜家慈。再拜余夫婦及室老諸人。然後拜外姑。各奉酒三爵。畢。歸下房。日暮。外姑去。家慈亦入。內子攜燭引余寢下房。余曰。何為者。內子曰。寒門家教。凡女子適人。半載不孕。即令媵妾入值。冀早生子。今妾空侍巾櫛。六閱月矣。蘭姊長當首入侍。故家慈送花燭來耳。且男子結褵敝鄉風俗。期一年舉子。不舉則嗣續艱矣。故家慈前者之皇皇。爲妾之不娠也。予方悟。乃就下房寢。雞初鳴。室媪促媵者歸。內子亦起櫛沐。須臾諸媵集。即率往家慈處遞茶萬福。奉姑櫛沐早膳而退。促予詣謝外姑。行再拜禮焉。自是閒兩日。蘭必入值至雞初鳴即去。詩所謂戴星而往還者是也。兩月。蘭不孕。內母如前携花燭酒筵來。送甄姑入值。月餘。內子有孕。蘭與甄俱孕。孕者。室老即不令入值。且有厲禁。蓋苗中嬰兒最忌種痘。痘必死。百無一二生者。其氣又易沾染。即壯夫染之。無不痘。痘無不死。常因一兒痘而禍延一鄉。竟絕噍類者。求其不痘。無如一受孕即不與男子同處則他日所產兒。決不痘矣。故大家有室老之設。專護其事。小戶。其姑即嚴護之。其孕也易識。今夕受胎。明晨婦眉閒即有一縷紅絲。隱隱而現。大家婦人。每早。必參見室老。室老一見即知。曰。若有孕矣。勿與男子同處。立爲移置別室。夜必扃鑰。室老日夜隄防。至七閱月。胎成。方解嚴。蓋關係非一人一家故也。外姑聞三婦皆有孕。大悅。以次備花燭酒筵。送媵者鄭重、琬香、蕙雪、安節、蕊珠、瓊鈿六女入值。乃已。從嫁八媵。半屬宗人。半選良家。大都其家臣之女也。其齒以內子居中。上而遞長。至四齡止。下而遞幼。至四齡止。蓋亦周制也。服飾皆同。惟內子多一金項環。而釧則起花金樣也。他皆素金爲之。琬香者。良家女也。長內子一歲。同月日時生。聲音笑貌皆同。惟髮差短耳。餘皆酷肖之至。余結褵半載後。夫婦言語雖通。然倉卒間常不能辨之。往往見琬香來。輒起欲拉與語。彼曰。我非小姐也。郎君幸尊重。如是者屢矣。室人皆目笑之。即家慈亦常錯認爲媳而呼焉。蓋無一不相同。不能辨也。他日。內子與予作戲。以項環戴琬香。令入寢室。予方踞坐於榻。以爲內子來也。即欲拉與語。彼輒翩若驚鴻。踉蹌趨出。余深訝內子之急遽異于尋常也。少頃。內子入。項無環矣。余以爲琬香也。問之曰。小姐何在。內子曰。誰爲小姐者。輒與余並坐於榻。余又深訝琬香之唐突。蓋媵者向不敢與主人抗也。須臾琬入。採環戴內子項。顧余曰。還郎君小姐。舉室皆鬨然一笑。

古語云。人心之不同。如其面焉。謂面皆不同也。然天下竟有相同者。豈特仲尼陽貨而已哉。大都苗女，狀同者最多。余往往見有孿孿而來。似無分于彼此者。不特親姊娣然也。乃至妯娌姑媳亦有然者。甚而相隔數十百里。亦有相同者。不一而足也。蓋苗中之山。峯巒多有相同者。故產人面目。亦多相同也。內子嘗謂余曰。妾年十七必死。繼妾席者必琬香也。夫子善視之。善琬香即善妾矣。余怪而詰之。故對曰。妾嘗夢遊一山。有瓊樓玉宇焉。一女冠引妾入謁玉真仙姬云。仙姬錦衣霞冠。南向坐。妾拜於堂下。旁一女官。以笏指妾謂姬曰。是女慧且有道緣。可留為侍。仙姬曰。尚幼。姑令讀漢書。須十七齡耳。遂揮妾出。妾還至臥室。見一女踞妾榻。妾叱之。因驚悟。後家君選媵得琬香。妾一見。即夢中踞榻之人也。妾之榻誰得而踞之。而踞者乃琬香。故繼妾席者必琬香也。且曩無識所謂漢書者。今從姑讀論語孝經。非漢書而何耶。故知妾十七必死也。余聞其言而悲之。然夢也。烏足以為據。後內子果十七而死。未半載。而琬香亦歿。余即續錢氏。繼席之說殊謬。蓋內子與琬香狀相類。夢鬼自外來。見踞其榻者。即己軀也。非琬香也。不自識其為己軀而叱之。適琬香狀與相類。故疑繼其席者為琬香。而琬香卒不應也。各媵女獨處。室老皆有法。不許偃仰縱橫。既覆以衾。外加繡裀。四角鎮以銅獸。重或至二三斤。若不令其轉側者。寢後即禁復起溲溺。幃外張燈徹夜。榻前每夕。輪一婢伺值。室老時行潛察。一聞發鼾呼聲。輒排闥入捉其髮而扑之。即侍女亦不得有鼾聲也。每二鼓即寢。至雞初鳴。室老輒擊銅版者七。各房室媼亦擊銅版以應之。俱促諸婦起櫛沐。櫛沐畢。皆集正室。為主婦治妝。妝畢。則偕往候姑。凡有身者。立稍不端。坐不正。臥或偃仰縱橫。及酣酒茹葷者。室老輒識之。

諸媵與主婦。常同坐起。或嬉戲投博。皆勿論。見主人則不敢坐。常侍立終日。不敢生怠傲色。總因室老之嚴。舉室從無諠譁聲。侍女森立右右。屏氣似不息者。肅然如三軍之稟大將軍令也。主人欲與諸媵坐。必其臥榻。若於椅。室老聞之。必加撻媵者或逢怒主人。室老必勒媵者去其下衣。當庭而痛扑之。毋赦也。凡爲姑滌溺器。浣衣服。治髮履。整衾枕。進飲食。生子者連三日。女者二日。未生者一日。次第以行。無敢或紊。皆室老主之。即内子亦不敢假手。侍女如有身及疾病。必請假始免。次者行産後病痊復入。意此真三代之禮也。不意中原絶響。乃在邊徼。古語云。禮失而求諸野。今野不可求。乃在苗蠻之中。亦可慨矣。家慈一切動用。内子總之。八媵各有分掌。一事不備。一物不工。職者恥之。嗟乎。苗蠻之有禮。不如諸夏之亡也。嗟乎。龍氏富貴自漢迄今矣。其世守勿失者。非有堅甲利兵之足恃也。所恃者。世有其德耳。今其所産女。能盡婦道如此。則其家教之善可知矣。夫女能盡婦道。子能盡子職。則德立矣。又何有富貴之不久且遠哉。今中國之士大夫。妄希富貴久遠。不於孝友是求。而反從事於無倫之浮屠氏。以誦經布施飯僧塑像爲行善。悲夫。

滇黔土司婚禮記終

滇游續筆

滇游續筆

一卷

〔清〕桂馥 撰

清嘉慶《札樸》刻本

札樸第十目錄

滇游續筆

鑾韡　蹋歌

鑐鍋　襁

𤡆夷布　宕宕

貝　白酒

鹽獅　耳塊

豆豉沈　蘭

菌　赤藤

麻栗　醉李

石竹　娑樹

構漿　毒草

小李山房校刊

札樸第十目錄終

札樸第十

曲阜　桂馥　未谷撰

滇游續筆

建極

南詔傳坦綽酋龍僭稱皇帝建元建極自號大禮（疑理之誤）國案事在宣宗旣崩之後懿宗卽位之初當是咸通元年今太和崇聖寺大鐘有建極年號

鐵柱

鐵柱在彌渡之西高七尺五寸徑二尺八寸有文曰維建極十三年歲次壬辰四月庚子朔十四日癸丑建立

土人建廟塑男女二像號稱馳靈景帝大黑天神案南詔佑世隆僞諡景莊故稱景帝世以此柱爲諸葛武侯造滇人傳會多類此

山水脉絡

蒙化張錦蘊云滇南諸山以麗江劒川之老君山爲鼻祖其中抽自觀音山至佛光寨綿延於浪穹鄧川海東趙州之左至定西嶺分一支於西爲蒙化其東至定邊西界止其西則綿亘環衍由南而東爲無量山直奔景東隨瀾滄江派衍爲南夷諸山竟趨南海由是西嶺之東則爲白崖雲南縣之北山至大波郎轉安南關至普

溯則爲沙橋吕合楚雄之南山又東至廣通舍資則北轉爲祿豐賧草鋪一派之北山而姚安武定則北山之支也其南一支出新興由河西通海至臨安沅江一帶以遞交趾而至於海東一支則至激江北轉爲蛇山南向而結省城下曲靖出東川以遞貴州今老君山北流爲金沙江若鶴慶賓川楚雄姚安武定所屬之水皆歸之老君山南流爲瀾滄江若劍川浪穹鄧川雲龍趙州雲南蒙化景東祿豐臨安沅江所屬之水皆歸之是則滇山發源於老君山金沙瀾滄兩水夾流燦若鬚眉山水具在可按而稽焉

大理府志老君山爲鼻祖觀音山爲咽喉定西嶺爲腹
心瀾滄金沙爲四肢之脉絡
通志山原起於西藏枯爾坤兩江夾持至老君山爲通
省衆山之祖惟永北一府在金沙江外爲其左臂永昌
順寧二府在瀾滄江外爲其右臂老君東入鶴慶西分
大理正脊中出爲定西嶺爲碧藏山折而北至羅次之
玉龍山復折而南至昆陽之鐵爐關又東北爲屼岣山
又北爲邵甸折而西南爲陸山紆曲三疊旋轉如環乃
建省治焉金沙江北折而歸四川瀾滄江南滙而入車
里正東之水皆滙八達河入廣西正西之水皆歸潞江

入阿瓦而禮社一江發趙州至蒙化歷楚雄而斜界其間故分爲東西兩迤此則雲南之大較矣

羅平山

浪穹縣有羅平山余自鄧川往雲龍越山而過自麓至顛屈曲回轉二十五里案卽水經注所稱弔鳥山也李形四部云弔鳥山俗傳鳳死於上每歲七月至九月羣鳥常來集其處是也今山下有郵名鳳羽俗傳鳳墮羽於此

杉木和

保山縣有巡檢駐防之地曰杉木和此六詔舊名也南

詔傳云夷語山坡陀爲和案開元末南詔逐河蠻取大和城貞元十年韋臯敗吐蕃克峨和城施浪詔居苴和城施各皮據石和城西爨有龍和城南詔碑石和子巨遷和皆羌夷稱和之證

點蒼山有草類芹紫莖辛香可食呼爲高和菜亦南詔舊名

崇聖寺

太和城北崇聖寺開元元年南詔盛羅皮所造外起三塔長慶二年晟豐佑更修之工倍於初咸通十二年佑世隆鑄大士像高丈餘又鑄大鐘上有諸佛像并建極

紀年今俱存

感通寺

太和城南感通寺本名蕩山寺南詔隆舜重修因改名寺有楊升庵畫像其轉注古音畧成於寺中官路旁有明人書靈鷲兩大字刻石

賧

余攝鄧川州事即鄧賧詔故地通鑑沈攸之賧罰羣蠻太甚注引何承天纂文曰賧蠻夷贖罪貨也通鑑又云益州大度獠恃險驕恣陳顯達爲刺史遣使責其租賧注云夷人以財贖罪曰賧後漢書南蠻傳殺人者得以

倏錢贖死注引纂文作倏

哨

雲南屯戍多稱曰哨北人吹竹筩曰哨字當作篍說文篍吹筩也七肖切案即洛陽亭長所吹郭注穆天子傳篍今戟吏所吹者馥謂屯戍吹篍相警俗名曰哨

檜

永平山中人築室不用瓴瓦土墼但橫木柴繫爲四壁上覆木片謂之苦片與冢所居無異馥謂即古之檜也家語問禮篇夏則居檜巢注云有柴謂檜在樹曰巢

火把節

六月二十五日夕家家樹火於門外謂之火把節葢祀鄧賧詔夫婦也五詔於是日同爲南詔焚死鄧賧詔妻慈善夫人又畏逼死土人哀之故歲祀至今不絕鄧川州城東有渠潭潭上有故城遺趾即鄧賧所居今名德源城

農人耕田

大理耕者以水牛負犁一人牽牛一人騎犁轅一人推犁桊南詔傳犁田以一牛三夫前挽中壓後驅然則今之耕者猶是蠻法也

熂爈

玉篇熂字云燎除旁草也爈字云燒也案宋書羊元保傳熂山封水保爲家利又云凡是山澤先常熂爈種養竹木雜果爲林藪案滇南歲焚山林即熂爈也

濮人

周書王會卜人以丹沙注云西南之蠻蓋濮人也通典有尾濮木緜濮文面濮折腰濮赤口濮黑僰濮案書牧誓庸濮傳云在江漢之南文十六年左傳麇人率百濮聚於選將伐楚釋例云建寧郡南有濮夷無君長總統各以邑落自聚故稱百濮也昭元年傳吳濮有釁注云吳在東濮在南今建寧郡南有濮夷九年傳以夷濮西

田盆之注云夷田在濮水西者傳又云巴濮楚鄧吾南土也注云建寧郡南有濮夷地十七年傳楚子爲舟師以伐濮注云南夷也

唐書南蠻傳三濮者在雲南徼外千五百里有文面濮俗鏤面以青涅之赤口濮裸身而折齒劖其脣使赤黑僰濮山居如人以幅布爲裙貫而繫之丈夫衣穀皮

明董難字西羽太和人云諸濮地與哀牢相接案哀牢卽今永昌濮人卽今順寧所名蒲蠻者是也濮與蒲音相近譌爲蒲耳

雲龍猓夷

雲龍猓夷有羅平山爲閉隔即水經注之弔鳥山初與外人不通有鹽井無文字以皮爲衣以星辰辨四時以草木紀年歲有六年一花十二年一實者

壞

滇人謂死曰壞其父母死亦曰壞或聞而大怪之余曰古有此言釋名諸侯曰薨薨壞之聲也曲禮天子死曰崩諸侯曰薨鄭注自上顛壞曰崩薨顛壞之聲何休公羊解詁崩大毀壞之辭薨小毀壞之辭

蠻鞾

唐人詩柘枝舞能忽成悲便脫蠻鞾入絳帷案蠻鞾蠻夷舞者所著韋皐作南詔奉聖樂其舞人服畫皮鞾是也說文躧舞履也或從革周禮春官鞮鞻氏注云鞻讀如屨也鞮鞻四夷舞者所屝也今時倡蹋鼓沓行者自有屝覆謂蠻鞾鞮鞻之類也今雲南人以麂皮作半截鞾開其前面旣著而後結之卽蠻鞾遺製

蹋歌

夷俗男女相會一人吹笛一人吹蘆笙數十人環繞蹋地而歌謂之蹋歌案子虛賦文成顛歌注云益州顛池縣其人能西南夷歌顛與滇同覆謂蹋歌卽西南夷歌

也劉昫謂今之竽笙並以木代匏無復八音蘆笙用匏古音未亾也

鑹鍋

行者腰繫銅器就水采薪煮飯謂之鑹鍋案通典獠俗鑄銅爲器大口寛腹名曰銅爨既薄且輕易於熟食是也

襁

皇氏論語義疏襁者以竹爲之或云以布爲之今蠻夷猶以布帊裹兒負之背也馥案雲南蠻婦以布裹兒背上或居或行見不離背無妨操作勝於懷抱未見用竹

者

⿰犭罷夷布

漢時蠻夷以布爲賦說文賨南蠻賦也㤟南郡蠻夷賨布是也今⿰犭罷夷所織品目甚多紋理精好粗者如𦇧細者如錦羊毛所績不亞羽紗後漢西南夷傳哀牢夷知染采文繡罽毲帛疊闌干細布織成文章如綾錦

宕宕

滇人呼几案牀榻橫木曰宕宕複謂當爲桄桄一切經音義桄聲類作輄車下橫木也今車牀及梯轝橫木皆曰桄是也淮南原道訓橫四維而含陰陽高注橫讀車

桄之桄集韻牑下云牀橫桄

貝

海藥云貝子雲南極多用爲錢貨易

白酒

糯米爲甜酒俗呼白酒棨卽稻醴也內則有稻醴黍醴粱醴哀十一年左傳進稻醴釋文云以稻米爲醴酒

鹽獅

雲龍煮鹽其形作獅子者品最上州牧王君鳳文見惠數十枚余謂卽左傳之形鹽也

耳塊

大理人作稻餅若蝶翅呼爲耳塊詢其名義云形似獸之兩耳馥告之曰當爲餌饋方言餌或謂之餈餈卽稻餅北人謂之餈糵普八切其團者謂之餈團重陽所食謂之餈餻集韻餹饋餌名屑米和蜜烝之

餈糵俗作糍粑滇人呼餅曰粑粑

豆豉沈

雲南人取豬血雜以肉骨同鹽豉作醢謂之豆豉沈余頗嗜此因考其字當爲䀋說文䀋血醢也從血肬聲禮記有醓醢以牛乾脯粱麴鹽酒也馥謂豉可代粱麴

永昌人以蓽茇爲豆豉南方草木狀蒟醬蓽茇也實

宇記益州蒟醬如今之大蓽茇

蘭

余訪蘭於滇不可徧知也得卅餘種就土俗名目次而記之其開於春者十二曰春建葉長不折花香遠布出通海曰春綠極娟秀出大理蒙化曰莧蘭色淺碧葉如箭出宜良曰獨占春花最大曰銅紫蘭花小而繁色如紫銅出蒙化順寧曰幽谷花紅葉細香最久楊升庵為賦采蘭引出廣通曰雙飛燕每莖兩苞似雪蘭而大紫表白裏亦有一花者謂之孤飛曰石蘭花大無香曰櫻葉一莖中抽花最小葉大如掌曰赤舌花色如碧玉大

似虎頭蘭曰紫綠葉長二三尺花色澹白瓣有紐紋出永昌夏開者有六曰夏蕙花繁葉厚處處有之曰箭幹花紫迤西多有曰朶朶香出昆明曰白蓮瓣花稀葉疎曰綠蓮瓣葉長出迤西曰絳蘭葉短花赤普洱沅江熱地所生也秋開者有七曰秋蕙花碧處處有曰麻蓮瓣出蒙化曰露蘭莖短出廣南曰大朱蘭葉廣二寸幹修三尺一幹數十花色紫生順寧深箐中曰菊伴花紫瓣長出雲南曲靖二府曰崖蘭生山谷中花藏葉底采花陰乾主婦人難產冬開者有十曰寒友花小葉密出富民曰朱沙綠瓣赤舌香最烈出蒙化景東深山石壁上曰

雪蘭色正白舌赤出大理順寧出寧州者不甚白而香清舌碧又一種也曰綠幹綠曰紫幹綠曰馬尾色黃瓣不分張曰火燒蘭葉長莖短並出順寧又一種出雲州莖長而花香曰虎頭花最大品亦最下順寧又一種花黃生深箐枯木上五月開曰淨瓶似瓜生石上兩葉一大一小廣寸許花如雪蘭而小其四時開者曰素心花小葉纖出昆明又有風蘭根不著土或憑木石或懸戶牖皆生出普洱開化又有鷺絲蝴蝶葉有節花形如鷺如蝶蘭之別子也山川之氣不能無所鍾既不鍾於人必鍾於草木故滇南四時之花多可愛玩然既無人矣

雖有名花草誰爲采擷誰爲品目終衰謝於荒山窮谷間耳此蘭被崖綴澗自樂其天若無望世人之知者是則蘭也已矣

菌

滇南多菌今據俗名記之青者曰青頭黃者曰蠟栗又曰荍麪又曰雞油大徑尺者曰老虎赤者曰胭脂白者曰白參又曰茅草黑者曰牛肝大而香者曰雞㚇小而叢生者曰一窩雞生於冬者曰冬菌生於松根者曰松菌生於柳根者曰柳菌生於木上者曰樹窩叢生無葢者曰埽帚縐葢者曰羊肚生於糞者曰豬矢有毒者曰

撐脚傘莊子朝菌不知晦朔蔡氏毛詩名物解引作雞菌北方謂之雞腿蘑菇即雞㙡也

赤藤

白傅蠻子朝詩云清平官持赤藤杖韓吏部赤藤杖歌云赤藤爲杖世未窺臺郎始攜自滇池又云共傳滇神出水獻赤龍拔鬚血淋漓余來滇訪藤所生處無一人知者噫

麻栗

木生路側結實似栗土人呼麻栗余謂麻蓋茅聲之轉廣韻栵細栗楚呼茅栗陸璣草木疏叙栗云又有茅栗

醉李

蒙化諸山中有木大者合抱屈曲不材結實似李小如樗棗六月熟土人呼醉李余謂卽檇李

石竹

順寧山石閒有草一本數十莖莖多節葉似竹葉四五月開花純黃亦有紫白二色者土人謂之石竹案卽石斛也移植樹上亦生

婆樹

詩隰有六駁毛傳以駁爲獸名陸璣疏駁馬木名梓榆也其樹皮青白駁犖遥視似駁馬故謂之駁馬下章山

有苞棣隰有樹檖皆山隰之木相配不宜云歟又云檀木與槃迷相似又似駁馬駁馬梓榆故里語曰斫檀不諦得槃迷槃迷尚可得駁馬

元和郡縣志賀蘭山有樹木青白望如駁馬北人呼駁爲賀蘭馥案北方無此木未得目驗及官雲南到處有之土人音譌呼爲婆樹

構漿

滇人呼穀樹爲構漿以其折枝則漿出也陶注本草云穀音構酉陽雜俎穀田久廢必生構葉有瓣曰楮無曰構

毒草

毒草滇南極多余在順寧多有被怨家毒害告官者案牘絫絫案論衡言毒篇草木有巴豆冶葛食之殺人夫毒太陽之熱氣也天下萬物含太陽氣而生者皆有毒螫故冶在東南巴在西南馥謂滇位西南故多毒草

芋

滇芋熟早而味美蔌可作羹居人賴以充糧案廣志百子芋出葉榆縣魁芋無旁子生永昌是滇芋自昔儁佳品也

打不死

滇中有草似馬齒莧而葉尖莖青盛於冬拔之不死折而棄之得土復生俗名打不死案即爾雅卷施草拔心不死也郭以爲宿莽故盛於冬

土瓜

土瓜形似蘆菔之扁者色正白食之脆美案即爾雅黄菟瓜音譌爲土瓜土瓜乃王瓜色赤不中啖

蝴蝶花

繡毬花周圍先開其瓣五出酷似小白蝶俗呼蝴蝶花中心別有數十蕊小如粟米

野𧄍

野蘆根似蘆葉似蕉葉花出葉旁紫紅色三四月開即藥中之狗脊

鸚哥花

永昌順寧有木高數丈葉如桐多刺花色似紅蕉土人謂之鸚哥花以其似鸚鵡嘴案即刺桐也亦謂之赬桐南方草木狀赬桐花連枝蕚皆深紅之極者俗呼貞桐花赬音之譌是也折其枝插地即生

麻竹

永昌順寧山谷有竹中實葉大節最疏土人破爲絲繩作履謂之麻竹余案即濮竹漢書哀牢夷傳其竹節相

去一尺名濮竹

橄欖

蒙化順寧山中有小木高數尺葉如青棠葉結實似山
櫨淡緑色有回味微酢土人謂之橄欖案玉篇橄欖果
本出交趾三輔黄圖漢武帝破南越得橄欖百餘本即
此是也又有橢圜如雞子者色青謂之青果其木頗大

雉

雉白質五采者滇人謂之鶴雞青質五采者謂之翟雞
䳄案白質即翚也褘衣畫之青質即揺也揄狄畫之䮽
者畜于庭喜食花

綠鳩

趙州人家養一綠鳩似斑鳩而無繡項色近鸚鵡不鮮明戴祚西征記云祚至雍丘始見鴿大小如鳩色似鸚鵡頳桒鴿無綠色戴所見卽綠鳩與

雞

順寧準提寺僧養一玀夷雞鳴應更鼓五更無差蓋童雞也與牝交過鳴卽不準中甸人家牝雞孚十二子皆雄鳴應十二時後殺其一餘不復鳴

玀夷地方有野雞小於家雞能飛聲短捕其雄與家雞交抱出雛體大而聲清呼為玀夷雞其距長寸許

山喜鵲

小鳥大於雀形似鵲滇人謂之山喜鵲案卽韓鶯也爾雅鶯小鵲說文鶯韓鶯山鵲知來事鳥也俗言乾鵲噪行人至乾韓聲近而譌

鐵連甲

永平有鳥黑色長尾大如啄木喜栖柳樹侵晨先衆鳥鳴旣栖猶鳴極可聽見鳥必逐而擊之鳥哀號遁去土人呼爲鐵連甲亦曰鐵連枷又曰鐵翅膀案爾雅翼云許解淮南子鳥力勝日而服於鵻禮引爾雅謂之鵻鴿秦人謂之祀祝蠶時晨鳴人舍者鴻烏皆畏之當作烏鴻振

許說則是今雅鳴爾郭氏解鵜鶘亦云小黑烏鳴自呼江東名爲烏鳴今烏鳴小於烏而能逐烏俗言烏之舅也馥葇此卽俗呼批夾是也高誘淮南注引爾雅作裨笠荆楚歲時記言四月有鳥如烏鴻先雞而鳴聲云加格加格民候此鳥鳴則入田以爲催人犂格也玉篇烏鳴似鳩有冠今鐵連甲無冠其繞喙長毛似鴝鵒鄭氏通志有鳥似鸜鵒無冠而長尾多在山寺廚檻間今謂之烏鳴

很虎

順寧有鳥夜鳴其聲骨鹿蒼黑色大如拳貍首有角俗

呼很虎卽鵵也釋鳥萑老鵵郭注木兎也似鴟鵂而小兎頭有角毛脚夜飛好食雞

飛鼠

飛鼠出麗江大理諸府大者長三尺許尾如狐尾唐書南蠻傳樸子蠻善用竹弓射飛鼠無不中或曰天鼠吐蕃傳天鼠之皮可爲裘是也本名鼺說文鼺鼠形飛走且乳之鳥也今人取其皮巳婦人難産

風獸

臨安有風獸似胡猻色黃肉翅伏樹上不飲不食但向風吸氣耳

豪豬

永昌順寧多豪豬能發豪射人或取其豪代箸遇毒輒作聲滇俗慣下毒惟此物能拒之

脆蛇

傳玄神蛇銘嘉茲靈蛇斷而能續今順寧有小蛇見人則自斷數節人去復成完體俗謂之脆蛇主療骨傷

青竹剽

順寧綠蛇細而長有毒善逐人其行如飛擊以木不中惟竹之單節者能斃之

斷腸草

順寧有蟲名斷腸草馬誤食則腸斷而斃形如枯草長三四寸六足前兩足能直出相並在草木上終日不動驅之不去翦其首出藍汁亦不仆汁盡乃死

毛辣子

毛蟲螫人者俗呼毛辣子案爾雅翼云蛓蟲背有毒毛能螫人俗呼楊瘌蟲說文楚人謂藥毒曰痛瘌音如辛辣之辣此即爾雅蛅毛蠹陶注本草蛅蟴蛓蟲也其背毛螫人陳藏器云蛓蟲好在果樹上大小如蠶身面背上有五色斑文毛有毒能螫人

鼠

余官鄧川時有疫疾名曰羊子傳染已二十餘年初起於鶴慶自北而南次及浪穹鄧川賓川太和趙州蒙化死者數萬人矣凡有鼠出穴死者室中人皆病或即時死或閲日死延至七日卽不死其疾皮膚起皰劃之有白漿或成羊毛余謂此水沴也故起於北而漸於南鼠穴蟲屬子水位故先感地氣而死人七日不死者陽勝水不能克也嘉慶元年抱母（地名）鼠皆出穴俗傳戒火或有廢炊寒食者旣而大水漂沒廬舍此亦水沴故有鼠祥也

蟻

耿馬地名有大蟻結穴樹頭夷人食之味酸如酢

彭蜎

通海有蟹大如杏右螯特强案卽彭蜎也古今注彭蜎其有螯偏大者名擁劒集韻彭蜞似蟹而小或作蜎

公魚

吳才老謂滇語呼江爲公故名江魚爲公魚案公當爲工江從工得聲也西洱河所出六七寸之小魚今猶呼工魚

翡翠

後漢書班固傳翡翠火齊注引異物志釋爲翡翠鳥䚕

案翡翠與火齊並言乃石之似玉者所謂翡翠屑金也今緬甸出此石大者重五六百斤小者如拳剖之白如雪青如翠美者價值千金

銅鼓

銅鼓形如坐墩中空無底面多花紋無款識雲南四川廣東多有康熙中或得一面吾鄉趙秋谷贊善爲賦諸葛銅鼓歌讀其詩皆相傳臆度之詞無武侯實據後漢書馬援傳於交趾得駱越銅鼓林邑記曰南盧容浦通銅鼓外越銅鼓卽駱越也有銅鼓因得名馬援取其鼓以鑄銅馬虞喜志林建武二十四年南康獻銅鼓有銘

此又在諸葛之前矣晉書食貨志廣州夷人寶貴銅鼓又載記云赫連勃勃鑄銅爲大鼓以黃金飾之大周樂正云銅鼓鑄銅爲之虛其一面覆而擊其上南蠻南天竺類皆如此嶺南豪家有大者廣尺餘陳書歐陽頠傳云蘭欽南征夷獠獻大銅鼓累代所無嶺表錄異云蠻夷之樂有銅鼓焉形如腰鼓而一頭有面圓一尺許面與身連全用銅鑄其身徧有蟲魚花草之狀通體均勻厚二分以來鑪鑄之妙實爲奇巧擊之響亮不下鳴鼉南蠻酋首之家皆有此鼓也唐書云東謝蠻讌聚則擊銅鼓以爲樂有功勞者以銅鼓賞之玉海云乾德四年

南蠻進銅鼓景德元年象州貢銅鼓高一尺八寸闊二尺五寸旁有四耳銜環鏤人騎花蛤椎之有聲又嶺表錄異云僖宗時高州鄉野牧兒聞田中蛤鳴欲捕之蛤躍入穴中掘取得一銅鼓其上隱起多鑄蛙黽之狀據傳記所載蠻夷各有銅鼓無一語及諸葛者不審贊善何自云爾也

朱氏彝尊銅鼓跋云伏波將軍平交阯諸葛丞相渡瀘始鑄銅為鼓蜀則凡鼓悉稱孔明所遺苗民得此雄視一方覆按銅鼓皆蠻夷自鑄諸葛無此舉伏波毀其鼓以鑄銅馬未聞鑄鼓

翁郡伯元圻云銅鼓一人擊一人以瓦器從後面收其音而縱送之其音有吉凶之别蠻夷皆能審辨吉者爭買凶者棄而不顧矣

宋寧州刺史爨君碑

君諱龍顔字仕德建寧同樂□□□□□□□□顓頊之玄冑□□祝融之眇胄也清源流而不滯深根固而不傾夏后之盛敷陳五教勳隆九土純化□□□古仁功播於万祀故乃耀輝西岳□□郢楚子文銘德於春秋斑朗紹縱於季葉陽九運否蟬蜕河東逍遥中原斑彪刪定漢記斑固述修道訓爰暨漢末菜邑於爨因氏

族焉姻婭媾於公族振纓替乎王室迺祖肅魏尚書僕
射河南尹位□九例舒翊中朝遷運庸蜀流薄南入樹
安九世千柯繁茂萬葉雲興鄉望標於四姓邈冠顯於
上京瑛豪繼體於兹而美祖晉寧建寧二郡太守龍驤
將軍寧州刺史考龍驤輔國將軍八郡監軍晉寧建寧
二郡太守追謚寧州刺史邛都縣侯金紫累跡朱紱充
庭君承尚書之玄孫監軍之令子也容貌瑋於時倫貞
操超於門友温良沖挹在家必聞本州禮命主簿不就
三辟別駕從事史正式當朝靖拱端右仁篤顯於朝野
清名扇於遐邇舉義熙十年秀才除郎中□□西鎮遷

南蠻府行叅軍除試守建寧太守剖符本邦衣錦晝遊
民歌其德士詠其風於是貫伍廊朝本州司馬長史而
君素懷慷慨志存遠御萬里歸闕除散騎侍郎進無烋
容退無慍色忠誠簡於帝心芳風宣於天邑除龍驤將
軍試守晉寧太守軺車越斧金章紫綬棨戟幢蓋襲封
邛都縣侯歲在壬申百六遘釁州士擾亂東西二境凶
豎狼暴緬戎寇場君收合精鋭五丁之衆身伉矢石□
□千計肅清邊隅君南中磐石人情歸望遷本號龍驤
將軍護鎮蠻校尉寧州刺史邛都縣侯君姿瑛雄之高
畧敦純懿之弘度獨步南境卓爾不羣雖子產之在鄭

簇以加焉是以蘭聲既暢福隆後嗣者矣自非愷悌君子孰能若斯也哉昊天不弔寢疾彌篤享年六十一歲在丙戌十二月上旬薨黎庶痛悼宋夷傷懷天朝遠感追贈中牟之饋也故吏建寧趙次之巴郡杜長子等仰褒仁德永慕玄澤刊石樹碑褒尚休烈其頌曰

巍巍靈山峻高迢遰或躍在淵龍飛紫闥邈邈君侯天姿瑛哲縉紳踵門揚名四外束帛戔戔禮聘交會優遊南境恩沾□夷撫何方岳勝殘去殺悠哉明后德重道融綢繆七經騫騫遜躬鳳翔京邑會□比蹤如何不弔遇此繁霜萛木摧枯光輝潛藏在三感慕孝友哀傷銘

迴玄石千載垂功
祖已薨背考忠存銘記艮願不遂奄然早終嗣孫碩子
等及平哀感仰尋□訓永慕高蹤控勒在三仲秋七日
登山桼石樹立玄碑表書勳於當世流芳風於千代故
記之
寧州長子騤弭早終次弟騤紹次弟騤暄次弟騤崇等
建樹此碑
大明二年歲在戊戌九月上旬壬子□嗣孫□□□□
碩□碩萬碩恩碩□碩羅碩□碩俗等立
近碑府主簿益州杜眞子

文建寧爨道慶作
府長史建寧爨道文
司馬建寧爨德□
錄事叅軍武昌郡劉覲
功曹叅軍建寧孟□倫
倉曹叅軍建寧爨□□
戶曹叅軍建寧周賢
中兵叅軍鴈門郡王□
複案右七八上列前排
府功曹建寧爨□

主簿建寧趙道生

右二人上列中排

別駕建寧麃敬祖

治中晉寧趙世伐

主簿建寧麃德□

主薄建寧孟叔明

西曹益寧楊琼子

西曹晉寧路雄

右六人上列後排

鎮蠻長史建寧麃世明

司馬建寧爨□□

錄事叅軍建寧毛瑋子

功曹叅軍□□李融之

倉曹叅軍牂柯謝國子

戶曹叅軍南廣楊道育

中兵叅軍建寧爨孫記

右中列前排

蠻府功曹建寧李□祖

主薄建寧孟令孫

主薄建寧孟順德

右中列中排

門下建寧爨連□

錄事弋陽郡舒仁

西曹建寧周令活

戶曹建寧陳世敬

省事安陽□雅□

書佐建寧孟羅

幹張孫明

右中列後排

錄事孟林

西曹劉道善
戶曹尹仲□
記室張叔□
朝直張世保
□下都督王道盈
□□尹頭
□□□文
□□康
右下列前排
門下張尋

錄事萬敬
西曹尹開
戶曹來叔子
省事李道學
書佐單仲
幹盛慶子
右下列後排
右宋故龍驤將軍護鎮蠻校尉寧州刺史邛都縣侯爨使君之碑在陸凉州蔡家堡爨君墓前碑高丈餘有穿有陰額在穿上大明二年故吏趙次之杜長子等所立

文爲爨道慶作正書兼用隸法饒有樸散之趣爨君名龍顏字仕德建寧同樂州人近祖肅仕魏爲尚書僕射河南尹君於晉義熙十年舉秀才除郎中遷南蠻府叅軍試守建寧太守還本號龍驤將軍護鎮蠻校尉寧州刺史邛都縣侯卒於丙戌案爨本蠻夷唐書所稱東爨烏蠻西爨白蠻是也碑敘世系遠舉楚之子文漢之班固風俗通云班姓楚令尹鬭班之後案班爲子文之子左傳作般猶公輸般亦作班碑雖傳會亦有典據爨氏見於載記者華陽國志昌寧大姓有爨習蜀志建寧大姓有交州刺史爨深梁武帝以爨瓚爲寧州刺史瓚有

二子曰震曰翫隋開皇十七年翫反史萬歲征討請降明年入朝被戮其子弘達唐武德中爲昆州刺史南詔碑有南寧州都督爨歸王昆州刺史爨日進梨州刺史爨祺螺山大鬼主爨彦昌南寧州大鬼主爨崇道至後晉有爨判借與段思平兵以敗楊干貞是爨氏自魏歷十數代未衰也故謂之大姓碑中多假借及別體字如紹蹤作紹縱鉞斧作越斧簪纓作振纓九列作九例采石作菜石幢蓋作幢艦班作斑匪作[辶+匪]淵作渕匠作近驎作驎爨作爨兩顯字並作顯集古錄云漢綏民校尉熊君碑其書顯字皆爲顯莫曉其義額篆濕水禹貢孟

子漢書地理志並作漯字蓋隸變㬎爲累也謚從益不從盆與魯俊碑同戴侗曰唐本說文有謚無諡是從益爲正體可證徐本說文之誤碑陰幹即斡字漢碑陰亦有洪氏隸續言之詳矣其額以闓哲殺與遷外會裔爲韻案殺廣韻音所界切禮器不豐不殺即此音曹植黃帝贊以哲韻制王粲誄以闓韻乂是也又以霜藏傷與融躬蹤功爲韻案東方朔七諫以當韻功陳琳大荒賦以遑韻躬陸雲陸府君誄以章韻蹤可爲比照也

南詔德化碑

恭聞清濁初分運陰陽而生萬物川嶽旣別樹元首而

定八方故知懸象著明莫大於日月崇高辨位莫大於
君臣道治則中外寧政乖必風雅變豈世情而致抑天
理之常我贊普鍾蒙國大詔性業合道智覩未萌隨世
運機觀宜撫衆退不負德進不慚容者也王姓蒙字閤
羅鳳大唐特進雲南王越國公開府儀同三司之長子
也應靈傑秀含章挺生日角標奇龍文表貴始乎王在
儲府道隆三善位即重離不讀非聖之書嘗學字人之
術撫軍屢聞成績監國每著家聲唐朝授右領軍衛大
將軍兼陽瓜州刺史洎先詔與御史嚴正誨謀靜邊寇
先王統軍打石橋城差詔與嚴正誨攻石和子父子分

師兩殄克醜加左領軍衛大將軍無何又與中使王承訓同破劍川忠績載揚賞延於嗣遷左金吾衛大將軍而官以材遷功由幹立朝廷照鑒委任兵權尋拜特進都知兵馬大將軍二河既宅五詔已平南國止戈北朝分政而越析詔餘孼于贈恃鐸矟驪瀘江結彼兇渠擾邊鄙飛書遣將皆輙拒違詔弱冠之年已負英斷恨茲殘醜敢逆大命固請自征志在掃平梟于贈之頭傾伏藏之穴鐸矟盡獲寶物並歸解君父之憂靜邊隅之祲制使奏聞酬上柱國天寶七載先王即世皇上念功旌孝悼往撫存遣中使黎敬義持節冊襲雲南王長男鳳

迦異將年十歲以天寶入朝授鴻臚少卿因冊襲次又加授上卿兼陽爪州刺史都知兵馬大將旣卹厚眷思竭忠誠子弟朝不絶書進獻府無餘月將謂君臣一德內外無欺豈期奸佞亂常撫虐生變初節度章仇兼瓊不量成敗妄奏是非遣越嶲都督竹靈倩置府東爨通路安南賦重役繁政苛人弊被南寧州都督爨歸王昆州刺史爨日進梨州刺史爨祺求州爨守懿螺山大鬼主爨彥昌南寧州大鬼主爨崇道等陷殺竹靈倩兼破安寧天恩降中使孫希莊御史韓洽都督李宓等委先詔招討諸爨畏威懷德再置安寧其李宓忘國家大計

躡章仇詭蹤務求進官榮宓阻扇東爨遂激崇道令殺
歸王議者紛紜人各有志王務遏亂萌思紹先績乃命
大軍將叚忠國等與中使黎敬義都督李宓又赴安寧
再和諸爨而李宓矯僞居心尚行反間更令崇道謀殺
日進東爨諸酋並皆驚恐曰歸王崇道叔也日進弟也
信彼讒構殺戮至親骨肉既自相屠天地之所不祐乃
各興師召我同討李宓外形中正佯假我郡兵內蘊奸
欺妄陳我違背頼節度郭虛已仁鑒方表我無辜李宓
尋被貶流崇道因而亡潰又越嶲都督張虔陀嘗任雲
南別駕以其舊識風宜表奏請爲都督而反誑惑中禁

職起亂階吐蕃是漢積讐遂與陰謀擬共滅我一也誠節王之庶弟以其不忠不孝貶在長沙而彼奏歸擬令間我二也崇道茂盟構逆罪合誅夷而卻收錄與宿欲令讐我三也應與我惡者並授官榮與我好者咸遭抑屈務在下我四也築城收質繕甲練兵密欲襲我五也重科白直倍稅軍粮徵求無度務欲敝我六也於時馳表上陳縷伸冤枉皇上照察降中使賈奇俊詳覆屬登臣無政事以賄成一信虔陀共掩天聽惡奏我將叛王乃仰天嘆曰嗟我無事上蒼可鑒九重天子難承咫尺之顔萬里忠臣豈受奸邪之害即差軍將楊羅顛等連

表控告豈謂天高聽遠蠅點成瑕雖布腹心不蒙矜察管內酋渠等皆曰主辱臣死我實當之自可齊心戮力致命全人安得知難不防坐招傾敗於此差大將軍王毗雙羅時等揚兵送檄問罪府城自秋畢冬故延時序尚佇王命冀雪事由豈意節度使鮮于仲通已統大軍取南谿路下大將軍李暉從會同路進安南都督王知進自步頭路入既數道合勢不可守株乃宣號令誡師徒四面攻圍三軍齊奮先靈冥祐神炬助威天人協心軍羣全拔虔陀飲酖寮庶出走王以爲惡止虔陀罪豈加衆舉城移置猶爲後圖即就安寧再申衷懇城使王

克昭執藏昧權繼違拒詔遣大軍將李克鐸等帥師代之我直彼曲城破將亡而仲通大軍已至曲靖又差首領楊子芬與雲南錄事參軍姜如之齎狀披徃因張卿讒構遂令蕃漢生猜贊普今見觀釁浪穹或以衆相威或以利相導倘若蚌鷸交守恐爲漁父所擒伏乞居存見亡在得思失府城復置幸容自新仲通殊不招承劫至江口我又切陳丹欵至於再三仲通拂諫棄親阻兵安忍吐發唯言屠戮行使皆被詆呵仍前差將軍王天運帥領驍雄自黙蒼山西欲腹背交襲於是具牲牢設壇墠叩頭流血曰我自古及今爲漢不侵不叛之臣今

節度背好貪功欲致無上無君之討敢昭告於皇天后土史祝盡詞東北稽首舉國痛切山川黯然至誠感神風雨震霈遂宣言曰彼若納我猶吾君也今不我納即吾讐也斷軍之機疑事之賊乃召卒伍㨿然登陴謂左右曰夫至忠不可以無主至孝不可以無家即差首領楊利等於浪穹參吐蕃御史論若贊御史通變察情分師入救時中丞大軍出陳江口王審孤虛覘向背縱兵親擊大敗彼師因命長男鳳迦異大軍將段全葛等於上遷和拒山後賛軍王天運懸首轅門中丞逃師夜遁軍吏欲追之詔曰止君子不欲多上人况敢凌天子乎

苟自救也社稷無隕多矣既而合謀曰小能勝大禍之
胎親仁善鄰國之寶遂遣男鐸傳舊大酋望趙佺鄧楊
傳磨俾及子弟六十人齎重帛珍寶等物西朝獻凱屬
贊普仁明重酬我勳效賜爲兄弟之國天寶十一載正
月一日於鄧川冊詔爲贊普鍾南國大詔授長男鳳迦
異大瑟瑟告身都知兵馬大將凡在官僚寵幸咸被山
河約誓永固維城改年爲贊普鍾元年二年漢帝又命
漢中郡太守司空襲禮內使賈奇俊帥師再置姚府以
將軍賈瓘爲都督僉曰漢不務德而以力爭若不速除
恐爲後患遂差軍將王兵各絕其粮道又差大軍將洪

光乘等神州都知兵馬使論綺里徐同圍府城信宿未踰破如拉朽賈瓘面縛士卒全驅三年漢又命前雲南郡都督兼侍御使廣府節度何履光中使薩道懸遜揔秦隴英豪兼安南子弟頓營隴坪廣布軍威乃舟楫備修擬水陸俱進遂令軍將王樂寬等潛軍襲造船之師伏屍遍毘舍之野李宓猶不量力進逼鄧川時辰州都知兵馬使論綺里徐來救已至巴蹻山我命大軍將段附克等內外相應競角競衝彼弓不暇張乃不及發白日晦景紅塵翳天流血成川積屍壅水三軍潰衄元帥沈江詔曰生雖禍之始死乃怨之終豈顧前非而忘大

禮遂收亾將等屍祭而葬之以存恩舊五年范陽節度安祿山竊據河洛開元帝出居江劍賛普差御史賛郎羅于恙結齎勅書曰樹德務滋長去惡務除本越嶲會同謀多在我圖之此爲美也詔恭承上命卽遣大軍將洪光乘杜羅盛段附克趙附于望羅遷王遷羅奉清平官趙佺鄧等統細于蒸從昆明路及宰相倚祥葉樂節度尙儉賛同伐越擕詔親率太子潘闔逼會同越嶲固拒被傷會同請降無害子女玉帛百里塞途牛羊積儲一月館穀六月漢復置越嶲以楊庭璡爲都督兼固臺登賛普使來曰漢今更置越嶲作援昆明若不再除恐

成滋蔓旣舉奉明旨乃遣長男鳳迦異駐軍瀘水權事制宜令大軍將楊傳磨侔等與軍將欺急歷如數道齊入越巂再掃臺登滌除都督見擒兵士盡擄於是揚兵邛部而漢將大奔回旆昆明傾城稽顙可謂紹家繼業世不乏賢昔十萬橫行七擒縱畧未足多也爰有尋傳疇壤沃饒人物殷湊南通渤海西近大秦開闢以來聲教所不及羲皇之後兵甲所不加詔欲革之以衣冠化之以禮義十一年冬親與僚佐兼總師徒刊木通道造舟爲梁耀以威武喻以文辭欵降者撫慰安居抵捍者繋頸盈貫矜愚解縛擇勝置城裸形不討自來祁鮮望

風而至且安寧雄鎮諸爨要衝山對碧雞波還碣石鹽
池鞅掌利及牂牁城邑綿延勢連戎僰乃置城監用輯
攜離遠近因依閭閻櫛比十二年冬詔候隙省方觀俗
恤隱次昆川審形勢言山河可以作藩屏川陸可以養
人民十四年春命長男鳳迦異於昆川置柘東城居二
詔佐鎮撫於是威懾步頭恩收曲靖頒告所及翕然俯
從我王氣受中和德含覆育才出人右辨稱世雄高視
則卓爾萬尋運籌則決勝千里觀釁而動因利興功事
協神衷有如天啓故能攻城挫敵取勝如神以危易安
轉禍爲福紹開祖業弘闡王猷坐南面以稱孤統東偏

而作主然後修文習武官設百司列尊敘卑位分九等闡三教賓四門陰陽敘而日月不愆賞罰明而奸邪屏迹通三才而制禮用六府以經邦信及豚魚恩霑草木尼塞流潦高原爲稻黍之田疏決陂池下隰樹園林之業易貧成富徙有之無家饒五畝之桑國貯九年之廪蕩滅之恩累占蠶勳珍帛之惠徧及耆年設險防非憑隘起堅城之固靈津蠲疾重巖湧湯沐之泉越賧天馬生郊大利流波濯錦西開尋傳祿郫出麗水之金北接陽山會川收瑟瑟之寶南荒涉湊覆詔願爲外臣東爨悉歸步頭已成內景建都鎮塞銀生於墨觜之鄉候隙

省方駕憩於洞庭之野蓋由八傑地靈物華氣秀者也於是犀象珍奇貢獻畢至東西南北烟塵不飛遐邇無剽掠之虞黔首有鼓擊之泰乃能驤首邛南平畔海表豈惟我鍾王之自致實賴我聖神天地贊普德被無垠威加有截春雲布而萬物普潤霜風下而四海颯秋故能取亂攻昧定京邑以息民兼弱侮亾冊漢帝而繼好紀功述績實曰鴻徽自顧下才敢題風烈其詞曰

降祉自天福流後孕瑞應匪虛禎祥必信聖主分憂遐荒聲振襲久傳封受符兼印兼璽秉節貪榮構亂開路安南攻殘西爨竹倩見屠官師潰散賴我先王懷柔伏

叛祚不乏賢先猷是繼郡守詭隨貶神遐裔禍建虔陀
亂深豎孌殃咎匪他塗豕自殪仲通制節不詢長久徵
兵海隅頓營江口矢心不納白刃相守謀用不臧逃師
夜走漢不務德而以力爭與師命將置府眉城三軍往
討一舉而平而縛羣吏馳獻天庭李宓總戎猶尋覆轍
水戰陸攻援孤糧絶勢屈謀窮軍殘身滅祭而葬之情
深故設贊普仁明審知機變漢德方衰邊城絶援揮我
兵戎攻彼郡縣越嶲有征會同無戰雄雄嫡嗣高名英
烈惟孝惟忠乃明乃哲邛瀘一掃軍群雙滅觀兵尋傳
舉國來賓巡幸東爨懷德歸仁碧海效祉金穴薦珍人

無常主惟賢實親土宇克開煙塵載寢轂擊犁坑輯熙群品出入連城光楊衣錦業留萬代之臺倉貯九年之廪明明贊普揚于之光赫赫我王實賴之昌化及有土美著無疆河帶山礪地久天長辨稱世雄才出人右信及豚魚潤深瓊玖德以建功是謂不朽石以刊銘可長可久

碑在大理府城南太和邨即南詔大和城北門舊址仆地漫滅俗呼摩刀石乾隆五十三年布政使王昶訪得之今就通志府志參錄其文如右通志稱鄭回撰杜光庭書案通鑑雲南王閣羅鳳陷嶲州獲西瀘令鄭回回

相州人通經術閣羅鳳愛重之志稱光庭以文學教蒙氏既卒蒙學士爨泰葬於玉局峰麓案點蒼山十九峰玉局其一也碑言天寶七載先王即世皇上遣中使黎敬義持節冊襲雲南王長男鳳迦異時年十歲以天寶入朝授鴻臚少卿因冊襲次又加授上卿兼陽瓜州刺史唐書南詔傳天寶初遣閣羅鳳子鳳迦異入宿衛拜鴻臚卿七載歸義死閣羅鳳立襲王以其子鳳迦異爲陽瓜州刺史案天寶七載詔改巍州爲陽瓜州以鳳迦異爲刺史其先世邏盛曾爲巍州刺史巍州即今之蒙化南有巍山州因山得名碑言越析詔恃鐸鞘云云案

南詔傳鐸矟者狀如殘刃有孔旁達出麗水飾以金所
擊無不洞夷人寶貴月以血祭之又云越析詔酋長烝
其王波衝妻因殺波衝波衝兄子于手贈持王所寶鐸矟
邑於龍佉河使部酋楊墮居河東北歸義樹壁侵于贈
不克閣羅鳳自請往擊楊墮破之于贈投瀘死得鐸矟
故王出軍必雙執之碑言章仇兼瓊遣越巂都督竹靈
倩置府東爨被南寧州都督爨歸王昆州刺史爨日進
黎州刺史爨祺求州刺史爨守懿螺山大鬼主爨彥昌
南寧州大鬼主爨崇道等陷殺竹靈倩兼破安寧委先詔
招討再置安寧案驃國傳爨弘達既死以爨歸王爲南

寧州都督大鬼主崇道者與弟日進日用居安寧城左
閤章仇兼瓊開步頭路築安寧城群蠻震騷共殺築城
使者玄宗詔蒙歸義討之師次波州歸王及崇道兄弟
謝罪赦之案築城使者即竹靈倩史畧其名夷人尚鬼
謂主祭者爲鬼主大部落有大鬼主也碑言李宓激崇
道令殺歸王更謀殺日進東爨諸酋乃各與師召我同
討又云李宓尋被貶流崇道因而亡潰案驃國傳崇道
殺日進及歸王歸王妻阿妊烏蠻女也訴歸義爲興師
崇道走黎州俄亦被殺碑稱贊普仁明賜爲兄弟之國
冊詔爲贊普鍾案吐蕃俗謂彊雄曰贊丈夫曰普故號

君長曰贊普弟曰鍾吐蕃以弟蓄之也碑言授
長男鳳迦異大瑟瑟告身案吐蕃傳其官之章飾最上
瑟瑟金次之金塗銀又次之銀次之最下至銅止差大
小綴臂前以辨貴賤又于闐傳德宗遣朱如玉求玉於
于闐得瑟瑟百斤康者傳柘析城西南有藥殺水入中
國謂之珍珠河東南有大山生瑟瑟拂菻傳其國以瑟
瑟爲殿柱是也碑言遂收亡將等屍祭而葬之謂李宓
戰歿之兵唐書以爲鮮于仲通兵敗閤羅鳳斂戰胔築
京觀誤也碑言設險防非憑隘起堅城之固謂築龍首
龍尾二關也又言靈津蠲疾重巖涌湯沐之泉謂鄧川

出温泉也唐書言天寶九載雲南蠻陷雲南郡都督張虔陀死之即碑所云虔陀飲酖也唐書言領劒南節度使鮮于仲通自將進次曲州靖州閣羅鳳遣使者謝罪願所虜得自新且城姚州如不聽則歸命吐蕃仲通怒囚使者即碑所云仲通大軍已至曲靖又云府城復置幸容自新又云切陳丹欵至於再三仲通吐發唯言屠戮行使皆被詆呵也唐書言劒南節度使鮮于仲通及雲南蠻戰于西洱河大敗績大將王天運死之即碑所云王天運懸首轅門中丞逃師夜遁也唐書言劒南節度留後李宓及雲南蠻戰於西洱河死之即碑所云三

軍潰魁元帥沈江也唐書言廣德初鳳迦異築柘東城即碑命長男鳳迦異於昆川置柘東城也唐書言祁鮮山之西多瘴歊即碑祁鮮望風而至也唐書言越賧之西產善馬世稱越賧駿即碑越賧天馬生郊也唐書言麗水多金麩即碑西開尋傳祿郵出麗水之金也唐書言尋傳西有裸蠻即碑爰有尋傳疇壤沃饒又云裸形不討自來也唐書言自彌庇升麻二川南至步頭謂之東爨烏蠻即碑東爨悉歸步頭已成內景也唐書言會安祿山反閤羅鳳因之取嶲州會同軍即碑所云詔親率太子潘園遁會同越嶲固拒被僇會同請降無害也

碑言列尊敘卑位分九等案九等謂九爽幕爽主兵琮爽主戶籍慈爽主禮罰爽主刑勸爽主官人厥爽主工錦萬爽主財用引爽主客禾爽主商賈皆清平官兼之清平猶宰相爽猶省也碑言凡在官僚寵幸咸被卽碑陰所列段忠國等受吐蕃封賞者忠國本名儉魏以戰功封清平官賜名忠國碑陰亦多漫滅今不載

唐書玄宗紀天寶九載雲南蠻陷雲南郡都督張虔陀死之十載四月壬午劍南節度鮮于仲通及雲南蠻戰於西洱河大敗績大將王天運死之陷雲南都護府十三載劍南節度留後李宓及雲南蠻戰於西洱河死之

楊國忠傳南詔質子閣羅鳳亡去帝欲討之國忠薦鮮于仲通爲蜀郡長史率兵六萬討之戰瀘川舉軍殁獨仲通挺身免時國忠兼兵部侍郎素德仲通爲匿其敗更敘戰功使白衣領職又云尋遣劍南留後李宓率兵十餘萬擊閣羅鳳敗死西洱河國忠矯爲捷書上聞自再興師傾中國驍卒二十萬蹈屨無遺天下寃之

南詔傳開元末皮羅閣逐西洱河蠻取大和城詔賜名歸義冊爲雲南王於是徙至大和城天寶初遣閣羅鳳子鳳迦異入宿衛拜鴻臚卿七載歸義死閣羅鳳立襲王以其子鳳迦異爲陽瓜州刺史初安寧城有五鹽井

人得煮鬻自給玄宗詔特進何履光以兵定南詔境取安寧城及井故事南詔嘗與妻子謁都督過雲南太守張虔陀私之多所求丐閣羅鳳不應虔陀陰表其罪由是忿怨反發兵攻虔陀殺之取姚州及小夷州三十二明年劒南節度使鮮于仲通自將出戎嶲州分二道進次曲州靖州閣羅鳳遣使者謝罪願還所虜得自新且城姚州如不聽則歸命吐蕃恐雲南非唐有仲通怒囚使者進薄白崖城大敗引還閣羅鳳斂戰胔築京觀遂北臣吐蕃以爲弟夷謂弟曰鍾故稱贊普鍾給金印號東帝揭碑國門明不得已而叛嘗曰我上世世奉中

札樸卷十　小李山房校刊

國累封賞後嗣容歸之若唐使者至可指碑澡被吾罪也楊國忠使侍御史李宓討之敗於大和城死者十八會安祿山反閣羅鳳因之取嶲州會同軍據清溪關以破越析梟于贈西而降尋傳驃諸國案驃國古朱波也在永昌南二千里吐蕃傳天寶十載吐蕃與蠻閣羅鳳聯兵攻瀘南劍南節度使楊國忠方以姦罔上自言破蠻衆六萬於雲南通鑑李泌曰雲南自漢以來臣屬中國楊國忠無故擾之使叛臣於吐蕃苦於吐蕃賦役重未嘗一日不思復爲唐臣也

郵亭題壁詩

明洪武中閩中守某妻宋氏謫戍永昌賦詩題郵亭壁嘉靖十六年御史陰汝登祠而祀之御史黃中刻詩於石今讀其詩詞意悽直音節悲凉有古樂府之風惜刻石遠在邊徼流傳絶少余見而亟録之

郵亭咫尺堪投宿手握親姑憇茅屋抱薪就地旋鋪攤支頤相向吞聲哭旁人問我是何方俛首哀哀訴衷曲妾家祖居金華府祖父曾爲上千戸舉艘運粟大都回金牌勅賜雙飛虎弟兄晦迹隱山林甘學崇文不崇武方金玉堂宋學士亦與妾家同一譜笄年嫁向衢州城夫婿好學明詩經離騷子史遍搜覽意欲出仕蘇蒼生

前年郡邑忽交辟辭親笑傲趨神京萬言長策獻閶闔
馳書歸報泥金名承恩拜除閬州守飄然畫舫西南行
到官搜賢訪遺老要把姦頑盡除掃日則升堂剖公務
夜則挑燈理文藁守廉不使纖塵汚執法應教僚佐怒
府推獲罪苦相扳察院來提誰與訴臨行囊槖無錙銖
惟有舊日將去書篋衣父老泣相送遮留赤子爭號呼
彼時徵贓動盈萬窶夫自料無從辦竟晨拷打不成招
暗囑家人莫送飯嗟呼餓死囹圄中旗軍原籍來抄封
當時指望耀門戶豈期一旦翻成空親隣憐妾貧如洗
斂錢殷勤餽行李伶仃三口到京師奉旨邊方戍金齒

阿弟遠餞龍江邊臨歧抱頭哭向天姊南弟北兩相慟
别來再會知何年開船未幾子病倒求醫問卜皆難保
武昌城外埜坡前白骨誰憐葬青草初然有子相依傍
身安且不憂家蕩而今子死姑年高縱到雲南有誰望
八月官船渡常德促裝登程戒行色空林日暮鷓鴣啼
聲聲呌道行不得上山險如登天梯百戶發放來取齊
雨晴泥滑把姑手一步一仆身沾泥晚來走向營中宿
情思昏昏倦無力五更睡重起身遲飯還未熟旗頭逼
翻思昔日深閨內遠行不出中門外融融日影上欄干
花落庭前鳥聲碎寶髻斜簪金鳳翹翠雲蟬鬢蛾眉嬌

繡牀新刺雙蝴蝶久坐尙覺春風饒誰知今日夫亡後
天末遐荒要親走半途日午姑云饑欲丐奉姑羞舉口
同來一婦天台人情懷薄似秋空雲喪夫未經二十日
畫眉重嫁鹽商君血色紅裙繡羅襖騎驢遠涉長安道
穩坐不知行路難揚鞭笑指青山小取歡但感新人心
那憶舊夫恩愛深吁嗟風俗日頹敗綱常廢盡趨黃金
妾心汪汪淡如水寧受飢寒不受恥幾回欲葬江魚腹
姑存未敢先求死前途姑身少康健辛苦奉姑終不怨
姑亡妾亦隨姑亡地下何慚見夫面說到傷心淚如雨
咽咽低頭不能語道傍聞者總悽酸隔岸猿啼叫何許

惡俗

雲南之俗人頭畜鳴難以理格惟嚴刑竣法可使其畏威而不敢動前者楚雄大理永昌三府亂民蠭起蟻聚圍城邑毁廬舍抉人目焚人身官府力不能制其不釀成大事者萬萬幸此其舊俗相沿非一朝夕之故也欲革其弊先禁牛叢所謂牛叢者連山接寨約結黨與於深林孤廟殺牛飲血相爲盟誓一人欲動則登高吹角角聲一起千百雲集擁其衆以報復私怨挾制官長莫敢誰何此俗豈可容於

聖明之世試取牛叢之首殺無赦取吹角者殺無赦則

破其膽敗其謀絶其盟散其衆而俗一變矣

用刑

省刑薄斂理民要道人皆習知若夫因地制宜或輕或重則又在執政者裁之雲南山多於地民無儲畜其斂視他省宜更薄而刑則斷不可輕雲南舊染蠻夷之習視禮法若土苴仰刑法如雷霆布德未見其懷也示威猶見其畏也則刑爲袪疾之藥石矣昔子產治鄭鑄刑書作丘甲我夫子稱之一則曰惠人再則曰遺愛又曰孰謂子產不仁吾不信也若與其行事不相符者及聞火烈水弱之言然後知惠愛仁即寓於刑法之內執滇

政而事姑息邀名譽以陷民於法網者謂非滇民之賊耶謂非子產之罪人耶

宣十六年左傳善人在上則國無幸民諺曰民之多幸國之不幸也

援据宏富攷核精詳識解明通頭頭是道無一語拾前人牙慧卯部之至黄六經之羽翼也潛立而後此爲嗣讀拜服拜服

愚弟葉紹楏拜讀

山陰 李信 校正

札樸第十

小李山房校刊

跋

歲甲子信自滇將東裝歸大令耒谷先生手所著札樸十卷屬就江浙間刻之曰滇南無工剞劂者願以付君而先生以是年歿於官所信竭於資釜又遲之一年乃果東歸每撿是書惴惴焉懼所諾之不踐也癸酉鮑先生淥飲銳力專司校讐工資信勉力謀之而是刻乃葺以成憶先生在滇政暇不廢著述信職在下僚謬蒙推許往往引與談論連類引申互相商榷幾共忘其刻漏之遙而燭之屢跋也昔人云得一知己足以不恨以信之碌碌無似而先生有嗜痂之癖知遇之感安能去懷

心念舊情怳忽如昨今幸是刻之成不負先生付託之意至於是書之質而雅也確而精也所見之不鑿也所言之不襲也世世必有以賞之信敢阿其所好耶嘉慶癸酉仲夏後學山陰李宏信跋於吳門寓齋吳門閒詩書